高等师范院校参与式教学系列教材

教 育 学

主编 姚便芳

中国财政经济出版社

图书在版编目（CIP）数据

教育学/姚便芳主编．—北京：中国财政经济出版社，2011.6

高等师范院校参与式教学系列教材

ISBN 978-7-5095-2925-6

Ⅰ．①教… Ⅱ．①姚… Ⅲ．①教育学－高等师范院校－教材 Ⅳ．①G40

中国版本图书馆 CIP 数据核字（2011）第 103002 号

责任编辑：张　军　　　　　责任校对：张　凡
封面设计：陈　瑶　　　　　版式设计：董生平

中国财政经济出版社出版

URL：http：//www.cfeph.cn
E-mail：cfeph@cfeph.cn
（版权所有　翻印必究）

社址：北京市海淀区阜成路甲 28 号　邮政编码：100142
发行处电话：88190406　财经书店电话：64033436
涿州市新华印刷有限公司 印刷　各地新华书店经销
787×1092 毫米　16 开　11.25 印张　268 000 字
2011 年 8 月第 1 版　2013 年 6 月涿州第 2 次印刷
定价：23.00 元
ISBN 978-7-5095-2925-6/G·0068
（图书出现印装问题，本社负责调换）
本社质量投诉电话：010-88190744

在参与中培养未来教师

（代序）

  长期以来，师范教育主要沿用以教师为中心、以讲授为方法、以传授知识为目的的教学方式。这种教学方式虽具有优越性，但局限也较为明显。尤其是教学法、教育学、心理学等专业课程，由于师范生在学习过程中缺乏有效的课堂参与，所学知识很容易遗忘，学习效率不高。

  随着国家基础教育课程改革的不断深入，我们看到，在中小学课堂上，教师的教育理念、教学方式和学生的学习方式正在发生着显著的变化。《国家中长期教育改革和发展规划纲要（2010—2020）》在"创新人才培养模式"中已明确指出：注重学思结合；提倡启发式、探究式、讨论式、参与式教学；帮助学生学会学习；激发学生的好奇心，培养学生的兴趣爱好，营造独立思考、自由探索、勇于创新的良好环境。适应基础教育课程改革，适应中小学课堂教学的变化，变革教师教育的课堂教学和学习行为，已经成为我国教师教育人才培养面临的新挑战。

  由我国教育部和英国国际发展部合作实施的"中英西南基础教育项目"，在其宗旨上与我国目前的教育改革具有类似的理念和思路。该项目所进行的教师参与式培训，其基本经验是"以人为本，以学习者为中心，以活动为主线，平等参与"。通过"自下而上"的学习理念和一套参与式学习的技术路线，融教育理念、专业知识和教学方法于活动之中，唤起参与者已有的知识和经验，提高参与者独立思考、自主探索、合作学习和实践反思的能力。"中英西南基础教育项目"的教师参与式培训经验，为改进目前教师教育中的诸多问题，提供了很有价值的借鉴。

  本套教材是教育部"中英西南基础教育项目"办公室委托课题——《基于中英西南基础教育项目经验的参与式小学新教师培养行动研究》课题的研究成果之一。基于对师范院校课堂教学的反思以及对参与式方法的理解，课题组开发了以学生学习活动为基本线索、以参与式学习为基本特征的高等师范教育教材：《教育学》、《小学数学教学法》、《小学语文教学法》和《现代教育技术》，以期以教材建设为抓手，推动教师教育模式的变革，提高未来教师的培养水平。本套教材主要针对高等师范院校相关专业本科和专科学生而设计，也可以作为教师培训的教材。本套教材具有如下特征：

  1. 以学生学习能力和职业能力发展为基本取向。教师是终身的学习者，也是学生学习的示范者。热爱学习，善于思考，会搜集、选择、整理、评价和表达信息，将"学术形态"知识转化为"教育形态"知识，是教师应有的学习素养。本教材关注将知识的学习和教育能力的培养有机结合，知行统一，教、学、做合一。

2. 以学生学习活动为基本线索。传统的师范教育教材以学科知识体系为基本线索，强调知识的系统性，缺乏对"学生如何学习"的设计，是教师进行教学的"教"材。本套教材是教师的"教"材，也是学生的"学"材。因此，本教材重视提炼知识要点，聚焦学习主题，关注设计精要的问题，提供学习途径（包括学习资料），搭建交流平台，鼓励学生通过资料查询、信息检索、调查研究、学习报告等形式不同的参与活动，在教师的指导下学会学习、学会思考、学会表达，自主建构知识体系。

3. 以参与式教学为基本特征。参与式教学既是一种理念，也是一种教学方式。参与式教学的出发点，是让所有的学习者都积极主动地参与到学习中去。其目的是使每个有着不同背景、不同个性、不同知识经验和不同智能类型的学习者能平等地、积极地投入学习的全过程中，在参与中学习和构建新的知识、形成能力；在参与的过程中掌握方法；在获得知识和培养能力的过程中体验各种丰富的情感，形成正确的价值观。本教材的教与学的方式均采用了参与的方法，意在最大限度地调动学习者的主体性。

4. 以丰富的教学案例资源为学习载体。要使学生主动地参与到学习过程中，需要有丰富的背景材料和典型案例，使得他们在学习过程中有案例可循，有资源可用，有信息可检索，这样的参与式学习才不至于流于形式。学生在案例所创设的真实情景中学习，才会激发学习的欲望和探究的动机。基于此，本套教材力求提供较多的教学范例、学习信息及学习资源。

5. 以多种类型的模板为学习支撑。为了使学生充分利用资源，在课程规定的时间内完成学习任务，形成所期望的学习成果，提高学习效率，本套教材注意提供丰富的模板和素材作为学习的"脚手架"。这些模板能够指导学生聚焦各个单元或模块的学习重点，进行研究、思考和设计，进而形成自己的学习作品，有效地进行参与式学习活动。

基于以上特征，我们相信，本套教材的使用，将切实推动未来教师培养模式的变革，提高未来教师的专业发展水平。

陈向明

2011 年 6 月 9 日于北京大学

前 言

本书是"高等师范院校参与式教学系列教材"之一,是教育部中英西南基础教育项目办公室委托课题——《基于中英西南基础教育项目经验的小学新教师培养行动研究》的成果。根据课题特点和师范生的实际需求,全书以教师的教育教学基本能力为主题,以师范生学习活动为线索,力求既能反映理论,又注重操作性和针对性。本书具有以下特点:

一、"教材"与"学材"并重

本书既是教师教学的"教材",也是师范生学习的"学材"。全书以新的结构呈现学习内容,共设绪论和 7 个单元,25 个课节,82 个活动,还有附件和参考资料。每个单元包含若干课节;每个课节包含学习目标、预计时间、活动准备、活动概览等;每个活动包含活动目标、活动说明和活动过程。使用本书时,教师的主要职责是向学生提出明确、清晰的活动要求,并对学生学习和研究过程进行悉心指导。

二、以活动为载体,重在学生参与

为了让学生充分参与到教学中,本书设计了大量的情境性、体验性和实践性活动,如小讲座、问题讨论、师生互评、头脑风暴、角色扮演、学生报告、课题展示等。以活动为载体,融理念、知识和方法于活动之中,注意唤起学生已有的知识和经验,重视在活动中建构知识,培养能力。

三、以学生为主体设计学习内容

与通常教材最大的不同之处在于,本教材是以学生为主体而设计学习内容。它不追求提供现成的、系统的、结构化的知识,而重视聚焦学习主题、设计精要的问题、提供学习途径(包括学习资料)、搭建交流平台。鼓励学生通过资料查询、信息检索、调查研究、学习报告等不同形式的参与式活动,通过教师的精心指导,自主掌握知识、学会学习、学会思考。

本教材编写结构、框架由姚便芳设计,全书包括绪论和七个单元,其中,绪论、单元一、单元二和单元六由姚便芳（成都大学）编写；单元三的课节1、课节3由李焰（成都大学）编写第一稿、姚便芳编写第二稿，课节2由李焰编写；单元四和单元五由林海亮（内江师范学院）编写；单元七由吴春华（四川省小学教师培训中心）编写。全书由姚便芳统稿、修改并最后定稿。本教材在编写过程中参阅和引用了大量的其他研究人员的成果，在此表示感谢！

由于编者水平的局限和时间的紧迫，全书难免存在错误或疏漏的地方，诚请各位同行批评、指正。

编 者

2011年3月

目 录

绪 论 ……………………………………………………………………（ 1 ）

　　课节1　学与教的新方式 ………………………………………（ 1 ）
　　课节2　学习教育学 ……………………………………………（ 3 ）

单元一　认识教育 ……………………………………………………（ 7 ）

　　课节1　教育的属性 ……………………………………………（ 7 ）
　　课节2　教育的理想 ……………………………………………（ 10 ）
　　课节3　学校教育 ………………………………………………（ 19 ）

单元二　解析教师 ……………………………………………………（ 26 ）

　　课节1　教师的使命与角色 ……………………………………（ 26 ）
　　课节2　教师的专业发展 ………………………………………（ 32 ）
　　课节3　教师的专业素质 ………………………………………（ 37 ）

单元三　了解学生 ……………………………………………………（ 44 ）

　　课节1　学生的本质属性 ………………………………………（ 44 ）
　　课节2　多元智力视野中的学生 ………………………………（ 49 ）
　　课节3　师生关系 ………………………………………………（ 53 ）

单元四　理解课程 ……………………………………………………（ 60 ）

　　课节1　课程意义 ………………………………………………（ 60 ）
　　课节2　课程结构 ………………………………………………（ 66 ）
　　课节3　课程标准 ………………………………………………（ 71 ）
　　课节4　课程资源 ………………………………………………（ 76 ）

单元五　学会教学 …………………………………………………………………（88）

　　课节1　教学的含义 …………………………………………………………（88）
　　课节2　教学原则 ……………………………………………………………（94）
　　课节3　教学方法 ……………………………………………………………（96）
　　课节4　教学设计 ……………………………………………………………（103）

单元六　教人做人 …………………………………………………………………（108）

　　课节1　德育概述 ……………………………………………………………（108）
　　课节2　道德品质的形成和发展 ……………………………………………（115）
　　课节3　德育方法 ……………………………………………………………（122）

单元七　教育研究 …………………………………………………………………（128）

　　课节1　教师成为研究者 ……………………………………………………（128）
　　课节2　教师进行研究的基本方法 …………………………………………（132）
　　课节3　校本研究 ……………………………………………………………（134）

附件及参考资料 ……………………………………………………………………（142）

绪　　论

★本单元概述及学习要点：

今天的师范生就是明天的人民教师，今天的教育学将服务于师范生未来的教育教学实践，为未来的中小学教师形成良好的专业思想、专业情感与素养奠定基础。通过参与式教学，使师范生置身于教育活动与情境中，感悟教育学，理解教育学，明确一名教师应具备的教育素养。

学习要点：

☐ 学与教的新方式
☐ 教育学的含义
☐ 师范生学习教育学的重要意义

课节1　学与教的新方式

【学习目标】　到本课节学习结束，你将能够：
1. 了解学与教的新方式；
2. 组成教育学学习共同体；
3. 形成自下而上的学习制度。

【预计时间】　45分钟。

【活动准备】
1. 教师准备《班级学生花名册》。
2. 大白纸、记号笔。

【活动概览】

活动1 小游戏：说感受，谈思考

活动2 协商活动：学习共同体的组建

活动1 小游戏：说感受，谈思考

【活动目标】 了解学与教的新方式。

【活动说明】

1. 参与式教学的理念：参与、分享、快乐。

2. 教师要向全体学员①说明规则。

3. 通过学员的感受引导他们思考：当改变一种习以为常的生活或者学习方式时我们会有怎样的感受？

4. 让学员按照前面的方式增加双手交叉的次数与时间，说明当感觉习以为常时就达到了新的适应。因此，我们有理由改变旧观念，适应新方法。

【活动过程】

1. 教师导言：致欢迎辞，并简单说明参与式的理念：参与、分享、快乐。

2. 热身活动：

（1）两手交叉，看看哪只手的拇指在上面。

（2）打开双手，重新交叉，但是要注意刚才拇指在上面的手现在拇指要放在下面。

（3）重新交叉手指后，迅速说出自己的感受。

（4）根据刚才的游戏，进一步思考当我们改变一种习以为常的生活或者学习方式时，我们的心态和反应，以及为适应变化而需要作出的努力。

活动2 协商活动：学习共同体的组建

【活动目标】 组建学习小组，建立学习规则。

【活动说明】

1. 教师根据学员人数，要求他们从1~4或6循环报数，说出相同数字的学员归为一组。这样将全班分为4组或6组。分别指定各组的位置，要求学员按组就座。

2. 学习小组由相对比较固定的成员组成，在以后的学习过程中，主持人、发言人、记录人、报告人、音量控制人等由小组成员轮流担任，形成学习共同体。

3. 学习规则是学员学习的制度保障，应予以重视。

【活动过程】

1. 教师导言：在我们的学习过程中，不仅需要自己的努力，更需要同学们之间的互相合作。在合作过程中，可以交流思想、探讨问题、智慧共享，也可以展现自我、满足需要、互相帮助，因此，需要建立学习共同体。

2. 根据教师的提示，组成学习小组。

---

① 为区别于中小学生，在进行学习活动中统一用学员指代师范生。

3. 学习小组分工，按照需要分成主持人、发言人、记录人、报告人、音量控制人、材料收集和保管人等。

4. 我们小组的名字是＿＿＿＿＿＿＿＿＿＿＿＿＿＿＿。

5. 我们在学习过程中应当遵守的基本规则（如作息时间规则、手机和电脑的使用规则、倾听规则、发言规则、收集资料规则、研究讨论规则等）：

＿＿＿＿＿＿＿＿＿＿＿＿＿＿＿＿＿＿＿＿＿＿＿＿＿＿＿＿＿＿＿＿＿＿＿＿＿
＿＿＿＿＿＿＿＿＿＿＿＿＿＿＿＿＿＿＿＿＿＿＿＿＿＿＿＿＿＿＿＿＿＿＿＿＿
＿＿＿＿＿＿＿＿＿＿＿＿＿＿＿＿＿＿＿＿＿＿＿＿＿＿＿＿＿＿＿＿＿＿＿＿＿
＿＿＿＿＿＿＿＿＿＿＿＿＿＿＿＿＿＿＿＿＿＿＿＿＿＿＿＿＿＿＿＿＿＿＿＿＿
＿＿＿＿＿＿＿＿＿＿＿＿＿＿＿＿＿＿＿＿＿＿＿＿＿＿＿＿＿＿＿＿＿＿＿＿。

6. 各组派代表介绍学习小组情况，包括组名、组员情况、共同遵守的学习规则。教师用一张大白纸记录各组说出的学习规则，并将其张贴在教室墙壁上作为全班学习的规则。

课节2 学习教育学

【学习目标】 到本课节学习结束，你将能够：
1. 用自己的语言说明教育学的基本内涵；
2. 体悟师范生学习教育学的重要性；
3. 教育学知识与素养在教师处理与解决问题时的重要性。

【预计时间】 45分钟。

【活动准备】

1. 小组成员分工：按需要分成主持人、发言人、记录人、报告人、音量控制人、材料收集和保管人等。

2. 教师选择几位学员，排练以下情境剧：情境剧A，两位老师处理上课迟到的学生；情境剧B，两位班主任在路上遇到未请假回家的学生（见附件）。

3. 在教室里留出表演情境剧的空间。

【活动概览】

活动1 讨论交流：什么是教育学？
活动2 情境分析：师范生一定要学习教育学吗？

活动1 讨论交流：什么是教育学？

【活动目标】 能用自己的语言说明教育学的基本内涵。

【活动说明】

1. 本活动设计为由故事引发的思考，是希望学员从故事中体会到教育理论对教育实践活动的作用和功能。

2. 通过故事，说明面对同一件事情、同一个问题，社会中的一般人与具有教育理论素养的教育工作者在进行教育活动上是有差别的。

3. 教师在小结时，注意结合小组讨论结果，重点强调教育学的含义。

【活动过程】

1. 阅读下面两则故事，并思考问题。

故事一：别"枪毙"一个中国的"爱迪生"

一个孩子的母亲，因孩子把她刚买回家的一块金表当成新鲜玩具给摆弄坏了，就狠狠地揍了孩子一顿，并把这件事情告诉了孩子的老师。老师幽默地说："恐怕是一个中国的'爱迪生'被你给枪毙了！"这位母亲不解其意，老师就给他分析说："孩子的这种行为是一种创造力的表现，你不该打孩子，要解放孩子的双手，让他从小有动手的机会。"

"那我现在该怎么办？"这位母亲听了老师的话对自己的行为后悔不迭。

"补救的办法是有的。"老师接着说，"你可以和孩子一起把金表送到钟表铺，让孩子在一旁看修表匠如何修理。这样，钟表铺就成了课堂，修表匠就成了先生，令郎就成了学生，修理费就成了学费，你孩子的好奇心就可以得到满足，说不定，他还可以学会修理呢！"

这个故事发生在半个世纪前。故事中的那位老师就是我国著名的教育家陶行知先生。

（资料来源：吕迎春："别'枪毙'一个中国的'爱迪生'"，《光明日报》，1994年11月13日）。

故事二：孙敬修先生的教育方法

一天，孙敬修老师在楼下散步，两个孩子在摇一棵新栽的小树，一位街道老大妈正用高声训斥的方法进行"镇压"，孩子做着鬼脸还在摇，孙敬修看在眼里，迈不动腿了。他有教育家的独特方法：他走上去，抱起小树，把耳朵贴在小树上，装作在认真听的样子，还不住地点头。"您听什么哪？""我听小树说话哪！""它说什么啦？""它说你们刚才摇得它难受极了。根都要折了，让我告诉你们别摇了。等它长大了好给人们遮荫凉。行吗？""行！"两个孩子高高兴兴地走了。老大妈直冲孙老师伸出大拇指说："孙老师您真有办法！"

2. 小组讨论以下问题：

(1) 故事中教师的"办法"是什么？

_____
_____。

(2) 分析故事中教师"有办法"的原因。

_____
_____。

(3) 从以上案例中概括出教育学的含义。

_____
_____。

3. 全班交流，小组发言人代表小组发言。

4. 教师小结。

活动 2　情境分析：师范生一定要学习教育学吗？

【活动目标】　感悟教育学知识与素养在教师处理与解决问题时的重要性。
【活动说明】
1. 选择情境表演的方式，目的是让学员通过观看表演，感受两位教师在教育教学行为上的差别，深入思考隐藏在行为背后的思想和观念。
2. 学员对两位教师行为的感受，可以用感性词语表达，也可以用理性词语表达。
3. 教师小结时注意强调学习教育学的重要性。
4. 情景剧脚本见附件。

【活动过程】
1. 观看情境剧并思考：
（1）为什么对待同样的问题不同教师会有截然不同的处理方式？
（2）从教师的言行中，你发现了什么？
2. 在下面的表格中写下自己的感受。

情境 A	对第一位教师行为的感受：
	对第二位教师行为的感受：
情境 B	对第一位班主任行为的感受：
	对第二位班主任行为的感受：

3. 随机选择学员进行交流。
4. 教师小结。

课后作业

每个学习小组访问一名优秀的中小学教师，分析教育理论知识在其专业成长中的地位和作用。

课外阅读

阅读以下著作中关于"教育"的论述：
1. [德] 雅斯贝尔斯著，邹进译：《什么是教育》，生活·读书·新知三联书店1991年版，第1~69页。

2. [德]伊曼努尔·康德著,赵鹏译:《论教育学》,上海人民出版社2005年版,第3~52页。

3. [美]约翰·杜威著,王承绪译:《民主主义与教育》,人民教育出版社2001年版,第6~110页。

4. 叶澜著:《教育概论》,人民教育出版社1991年版,第2~9页。

5. 全国十二所重点师范大学联合编写:《教育学基础》,教育科学出版社2002年版,第2~5页。

 **相关链接**

1. 全国十二所重点师范大学联合编写:《教育学基础》,教育科学出版社2002年版。
2. 余文森主编:《新课程背景下的公共教育学教程》,高等教育出版社2004年版。
3. 傅道春编著:《教育学——情境与原理》,教育科学出版社1999年版。
4. 惟存教育网,http://www.being.org.cn。

单元一

认识教育

★ 本单元概述及学习要点：

教育是一种社会现象，是一种实践活动。教育为人类所特有，与人类社会共始终。教育活动的基本要素及其之间的关系，影响着教育发展。教育的理想是为了一切的人和人的一切，表现为教育的价值追求与目的。学校是实现教育理想的重要场所，学校文化对学生的发展非常重要。

学习要点：

- ☐ 教育的含义
- ☐ 教育的基本属性
- ☐ 教育的理想与追求
- ☐ 学校的本质
- ☐ 学校文化

课节1 教育的属性

【学习目标】 到本课节学习结束，你将能够：
1. 理解教育的含义；
2. 明确教育的要素及其之间的关系；
3. 了解教育产生与发展的历程。

【预计时间】 90分钟。

【活动准备】
1. 小组成员分工：按需要分成主持人、发言人、记录人、报告人、音量控制人、材料

收集和保管人等。

2. 大白纸、记号笔。

【活动概览】

活动1　学习共享：教育是什么

活动2　讨论交流：教育的基本要素及各要素之间的关系

活动3　小讲座：教育的产生与发展

活动1　学校共享：教育是什么？

【活动目标】　理解教育的本质属性。

【活动说明】

1. 结合绪论后的课外阅读内容，在学员个人收集资料、小组进行交流的基础上，让学员对"教育"含义进行阐述，一方面可以拓宽学员的知识面，另一方面能够使学员走进教育名著，阅读教育名著。

2. 教师可以根据学员的实际情况，对"课外阅读"的内容进行适当调整，可以让每个小组选择其中一本著作进行阅读并阐述；也可以在小组内部分工，每人选择其中一本阅读并在小组进行交流。

3. 小组任选或教师指定每个小组交流和阐述的内容，教师应注意调控小组交流和发言人阐述的时间。

4. 教师在进行小结时，应针对每一观点进行恰当的评述。

【活动过程】

1. 小组交流课外阅读资料，并将本组主要观点写在大白纸上。

2. 小组发言人阐述教育的含义，其他成员补充。

3. 教师小结。

活动2　讨论交流：教育的基本要素及各要素之间的关系

【活动目标】　了解教育的基本要素及各要素之间的关系。

【活动说明】

1. 本活动设计为从具体的教育教学情境中进行分析并提取要素，既贴近学员的实际，又符合教育教学规律。

2. 学员从教学片段中提取的要素，可以是3~6个，甚至更多，但教师在小结时一定要强调最主要的因素。

【活动过程】

1. 教师导言：通过活动1的讨论交流，我们看到，教育活动是一个多因素多层次的活动，从成分上分析，含有目的、内容、制度、方法等；从层次上分析，有学前教育、初等教育、中等教育、高等教育等。但对教育活动的本质认识还必须具体分析其基本要素。所谓要素是指构成活动必不可少的、最基本的因素。

2. 请学员阅读下面教学片段，试从教育情境中分析提取教育要素。

江苏省南通师范学校第二附属小学教师李吉林执教《坐井观天》教学片段：

［学生自学课文后］

师：这个故事发生在哪儿？

生：这个故事发生在井边。［贴上"井"］

师：故事里有几个角色？一个在哪儿？另一个在哪儿？

生：故事里有两个角色，一个是小鸟，在井边上；一个是青蛙，在井底。

师：我请哪位同学来演示一下。

生：［将小鸟贴在井沿上，将青蛙贴在井底下］［如图］

师：［随机教学］这个"井边"就是"井沿"，"沿"是"边"的意思。例如河边就可以用"河沿"，帽子边儿就叫……

生："帽沿"。

师：［提示并激起情绪］在这个故事里，青蛙和小鸟一个在井沿上，一个在井底，一上一下，它们两个正在争议着一个有趣的问题。是一个什么问题呢？怎么争议的？究竟谁对呢？我们进一步学习课文。

（资料来源：李吉林著：《小学语文情境教学》，人民教育出版社2003年版，第46～47页。）

3. 小组讨论交流：教学片段中的教育要素（至少找出三种要素）。

（1）＿＿＿＿＿＿＿＿＿＿＿＿；

（2）＿＿＿＿＿＿＿＿＿＿＿＿；

（3）＿＿＿＿＿＿＿＿＿＿＿＿。

4. 小组讨论：尝试说明以上要素之间的联系，并填写图1-1。

5. 全班交流，小组发言人代表小组发言。

6. 教师小结。

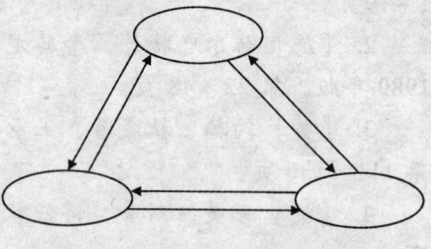

图1-1 教育要素之间的关系示意图

活动3 小讲座：教育的产生与发展

【活动目标】 了解教育产生与发展的历史。

【活动说明】

1. 通过教育产生和发展的史实，帮助学习者对教育概念作历史的、丰富的和具体的理解。

2. 教育的起源问题既是教育史研究中的一个重要问题，也是教育学研究中的一个重要问题。对这个问题的深入研究具有极其重要的学术价值。

3. 建议教师用小讲座的形式进行，目的是让学员比较系统地了解教育产生与发展的历史。

【活动过程】

1. 教师讲解：教育的产生与发展。
（1）教育的起源：
   A. 教育的神话起源说；
   B. 教育的生物起源说；
   C. 教育的心理起源说；
   D. 教育的劳动起源说。
（2）教育的历史发展过程。
2. 教师小结。

课后作业

如果面对一位农村的村民或一位城镇的居民，他知道你是一名教师，会问你教育是什么？你将如何表达？

课外阅读

阅读以下著作中关于"教育目的"的论述：

1. [法] 卢梭著，李平沤译：《爱弥儿——论教育》，人民教育出版社2001年版，第1~19页。
2. [德] 赫尔巴特著，李其龙译：《普通教育学·教育学讲授纲要》，人民教育出版社1989年版，第22~48页。
3. [美] 约翰·杜威著，王承绪译：《民主主义与教育》，人民教育出版社2001年版，第111~136页。
4. [捷] 夸美纽斯著，傅任敢译：《大教学论》，人民教育出版社1984年版，第39~54页。
5. [英] 怀特海著，徐汝舟译：《教育的目的》，生活·读书·新知三联书店2002年版，第1~26页。
6. 中国古代的《学记》。（原文见附件）

课节2 教育的理想

【学习目标】 到本课节学习结束，你将能够：
1. 理解教育目的的含义与内容；
2. 了解不同的教育目的观；
3. 掌握我国的教育目的及其精神实质与基本组成。

【预计时间】 135分钟。

【活动准备】

1. 小组成员分工：按需要分成主持人、发言人、记录人、报告人、音量控制人、材料保管人等。

2. 大白纸、记号笔。

【活动概览】

活动1　学习共享：教育目的的含义与内容

活动2　应用练习：教育目的观

活动3　阅读理解：我国的教育目的及其精神实质

活动4　提问与讲解：我国全面发展教育的基本构成

活动1　学习共享：教育目的的含义与内容

【活动目标】　理解教育目的的含义与内容。

【活动说明】

1. 结合课节1后的课外阅读内容，在学员个人收集资料、小组进行交流的基础上，让学员对"教育目的"的含义与内容进行阐述，一方面拓宽了学员的知识面，另一方面使学员了解了教育目的的多样性，并为下一个活动——"教育目的观"的学习提供条件。

2. 教师可以根据学员的实际情况，对课外阅读的内容进行适当调整，让每个小组选择其中的一本著作进行阅读和阐述；也可以在小组内部分工，每人选择其中一本著作阅读并在小组进行交流。

3. 小组任选或教师指定每个小组交流和阐述的内容。

4. 教师在进行小结时，应对每一观点进行恰当的评述。

【活动过程】

1. 教师导言：教育的理想是指对教育的价值追求，体现为教育目的、目标或期望。当我们面对天真无邪的孩子时，会思考要让孩子成为什么样的人：一个德智美全面发展的学生？一个孝顺父母的人？一个社会上的职业人？教育既然是一种实践活动，就必须有明确的目的，因为人类的任何实践活动都是有目的的，即使是儿童的游戏也不例外。那么，教育的目的是什么？让我们从教育名著中来寻找。

2. 小组交流课外阅读收集的资料，根据小组选择或教师指定的内容进行，并将本组观点写在大白纸上。

3. 全班交流，小组发言人阐述教育目的的含义与内容，其他成员补充。

4. 教师小结。

活动2　应用练习：教育目的观

【活动目标】　了解教育目的的不同观念，深化对教育目的的理解。

【活动说明】

1. 教育目的观是对教育目的的含义与内容的进一步深化，因此该活动应与活动1联系在一起，教师在活动1的小结时，引入活动2的主题。

2. 教师在介绍教育目的观时，应说明每一观点产生的历史背景。
3. 学员对于教育目的观的评价应客观、理性，不要以偏概全。

【活动过程】

1. 教师导言：在教育发展中，存在着不同的教育目的观，主要有个人本位论、社会本位论、生活本位论等。

个人本位论主张教育目的应依据个人需要来确定。该理论认为，人生来就具有健全的本能，教育目的是由人的本能、本性的需要决定的，教育的根本目的就在于使人的本能和本性得到自由发展；个人价值高于社会价值，评价教育价值应当以其对个人发展所起的作用为标准来衡量。

社会本位论主张教育目的应根据社会需要来确定。该理论认为，个人的发展有赖于社会，教育结果也只能以其社会功能加以衡量，教育结果好坏，主要看它为社会贡献了什么，贡献的程度如何；教育的一切活动都应服从和服务于社会需要，教育除了社会目的之外，没有其他目的。

生活本位论主张教育目的是为未来生活作准备，或认为教育即是生活本身。该理论认为，教育不应该着眼于功利主义，而应该教给人们自我保护的艺术，教会人们如何去谋生，教给人们关于养育儿童的知识以保证继续生存，为人们提供可以享受的优美文化等。

2. 根据教师的讲解，分析本小组阐述的教育目的属于哪种观点？
_____。
3. 小组讨论分析并评价以上教育目的观的优劣。

教育目的观	优 点	不 足
个人本位论		
社会本位论		
生活本位论		

活动3　阅读理解：我国的教育目的及其精神实质

【活动目标】　领会我国教育目的的精神实质。

【活动说明】

1. 通过阅读资料，可以让学员一方面了解我国教育目的的历史，另一方面加深对现阶段教育目的的理解。
2. 小组讨论交流时，教师边巡视边收集小组观点，适当时进行解释。
3. 教师在小结时，强调以下两点：（1）我国现阶段的教育目的；（2）我国教育目的的精神实质，应从以下几个方面进行点拨：教育目的的方向；人才培养的素质要求；全民族素质的提高；教育的基本使命。

【活动过程】

1. 阅读下面内容，了解我国不同时期的教育目的。

我国教育目的的历史回顾

1957年，我国在生产资料所有制的社会主义改造完成后，开始了以发展社会主义生产力、发展经济为重点的大规模建设时期，根据这一时期政治、经济、文化等方面发展的要求，毛泽东在国务会议上指出："我们的教育方针就是使受教育者在德育、智育、体育几方面都得到发展，成为有社会主义觉悟的有文化的劳动者。"

1958年，中共中央、国务院《关于教育工作的指示》又明确指出"培养有社会主义觉悟的有文化的劳动者"，并且指出这一表述"正确地解释了全面发展的涵义"，是我国"教育的目的"。这是新中国成立后对教育目的的第一次明确表述。

1978年，我国的教育目的在人大会议通过的宪法中被表述为："我国的教育方针是教育必须为无产阶级政治服务，教育必须同生产劳动相结合，使受教育者在德育、智育、体育几方面都得到发展，成为有社会主义觉悟的有文化的劳动者。"

1981年《关于建国以来党的若干历史问题的决议》中对教育目的有了新的表述："坚持德智体全面发展、又红又专、知识分子与工人农民相结合、体力劳动和脑力劳动相结合的方针。"

1982年《中华人民共和国宪法》规定："国家培养青年、少年、儿童在品德、智力、体质等方面全面发展。"

1985年《中共中央关于教育体制改革的决定》提出，"教育要为90年代以至下世纪初叶我国经济和社会发展培养新的能够坚持社会主义方向的各级各类人才"，明确指出："所有这些人才都应该有理想、有道德、有文化、有纪律，热爱社会主义祖国和社会主义事业，具有为国家富强和人民富裕而艰苦奋斗的献身精神，都应该不断追求新知，具有实事求是、独立思考、勇于创造的科学精神。"

1986年《中华人民共和国义务教育法》规定："义务教育必须贯彻国家的教育方针，努力提高教育质量，使儿童、少年在品德、智力、体质等方面全面发展，为提高全民族素质，培养有理想、有道德、有文化、有纪律的社会主义建设人才奠定基础。"

1990年《中共中央关于制定国民经济和社会发展十年规划和"八五"计划的建议》把教育方针和教育目的明确表述为："教育必须为社会主义现代化建设服务，必须与生产劳动相结合，培养德、智、体全面发展的建设者和接班人。"

1993年《中国教育改革和发展纲要》提出"教育改革和发展的根本目的是提高民族素质。多出人才，出好人才，各级各类学校要认真贯彻'教育为社会主义现代化建设服务，必须与生产劳动相结合，培养德、智、体等全面发展的建设者和接班人'的方针，努力使教育质量在90年代上一个新台阶。"

1995年《中华人民共和国教育法》规定："教育必须为社会主义现代化建设服务，必须与生产劳动相结合，培养德、智、体等方面全面发展的社会主义事业的建设者和接班人。"

1999年6月的《中共中央国务院关于深化教育改革全面推进素质教育的决定》把教育目标表述为："以培养学生的创新精神和实践能力为重点，造就有理想、有道德、有文化、有纪律的德、智、体等方面全面发展的社会主义建设者和接班人。"

2001年6月的《国务院关于基础教育改革与发展的决定》明确提出："要高举邓小平理论伟大旗帜，以邓小平同志'教育要面向现代化，面向世界，面向未来'和江泽民同志

'三个代表'的主要思想为指导,坚持教育必须为社会主义现代化建设服务,为人民服务,必须与生产劳动和社会实践相结合,培养德智体美等全面发展的社会主义事业建设者和接班人。"

2. 小组讨论交流,我国教育目的的精神实质是什么?
(1) _____ ;
(2) _____ ;
(3) _____ ;
(4) _____ ;
(5) _____ 。

3. 教师小结。

活动4　提问与讲解:我国全面发展教育的基本构成

【活动目标】　明确我国全面发展教育的基本构成。

【活动说明】

1. 对于我国全面发展教育的基本构成,学员在日常教育中或在"我国教育目的的历史回顾"中已有所了解,教师及时进行反馈。

2. 由于时间有限,"每一部分的基本任务"建议在两两讨论交流的基础上,教师演示准备好的内容,进行补充和完善。

【活动过程】

1. 教师提问:我国教育目的中提出的全面发展教育包含哪几部分内容?每一部分的基本任务是什么?

2. 学员两两讨论交流,并做好记录。

全面发展教育的组成部分:_____。

每一部分的基本任务:_____
_____
_____
_____
_____
_____
_____
_____。

3. 教师在巡视后,及时补充与纠正,并讲解准备好的内容。

4. 教师小结。

课后作业

阅读下面的材料,以"教育的理想是什么"为题,写一篇1500字左右的文章(体裁不限)。

"我的孩子已经两次进入高考补习班了,不知道这次高考能否成功。在孩子成长的过程中,我们家长费尽了心血,家庭生活再拮据,都会尽一切办法供孩子读书。我的孩子也不是不用功,从上学开始,他几乎没有多少休息时间,特别是进入高中以后,孩子几乎没有一天休息过。我们觉得供孩子读书很苦,而孩子觉得更苦,但考不上大学,这么多年的辛劳岂不是白费了吗?!邻居家的孩子高考失败后便开始工作,他所学的知识对他的生活和工作没有任何帮助。其实,如果孩子在学校里学习的知识对他本人的生活和工作有价值,我们也就不再要求孩子一定上大学了。现在学习的知识只是对考大学有用,对孩子的生活和工作没用。所以,如果孩子考不上大学我们一家的努力都前功尽弃了,孩子也变成了一个'废人',我们不甘心呐……"一位家长如是说。

一位企业人事经理说:"这几年做企业人事工作,我感触最深的是应聘的人才似乎'满腹经纶',但却一无是处。他们只会做题,应付考试,或者复述书本上的东西,一旦遇到实际问题就不知道如何解决了;换言之,他们既没有'活学',更不会'活用',知识对他们来说实际上是一种负担。另外,几乎所有应聘人员的动手操作能力、发现问题的能力都很差,更不用说创新能力了。在已经录用的员工中,我们还发现他们缺乏必要的合作意识和团队精神,学历越高,毕业学校的名气越大,问题越突出;众所周知,员工的合作意识和团队精神对于一个企业来说是至关重要的,它甚至高于员工的业务能力;至于这些员工的生活能力就更差了,大多数年轻员工不会生活,也不懂得去生活,生活没有情调,更没有品位。总之,为了我们企业的发展,也为了营造企业文化,我们需要投入大量的人力、物力和精力去重新塑造他们,这种塑造几乎从零开始。造成这些问题的因素或许有很多,但是学校教育需要承担的责任应该是最大的。所以,我们呼吁各级学校调整教育目标,改变教育方式、教育内容和评价标准,为社会培养出真正有用的人才。

(资料来源:钟启泉、崔允漷主编:《新课程的理念与创新——师范生读本》,高等教育出版社2003年版,第44页。)

课外阅读

我的教育目的论

我认为,健康、幸福、品行、学业、个性是学生全面发展的五个基本要素,是学校教育的五个着力点。

健康第一(生命第一):让学生拥有健壮的身体和美好的心灵

健康对于人类的重要性是不言而喻的。"我们要能工作,要有幸福,必须先有健康。""凡是身体精神都健康的人就不必再有什么别的奢望了。身体精神有一方面不健康的人,即便得到了别的种种,也是徒然。"(洛克)为此,健康应该摆在学生全面发展的首位。关注健康是学校教育的第一要义。

健康首先指身体健康,我们学校对儿童的健康肩负应有的责任和使命,学校所有教职员工都必须以"敬畏生命"的态度关注学生健康,关注学生生命,坚持健康第一。当然,学生身体的养护不只是学校的工作，它更多地应该成为孩子自己的一种自觉行动，为此，要特别注重培养孩子的健康意识，养成保健习惯，珍惜生命。

健康第一，意味着在任何时候，都不能以任何借口、任何理由、任何手段，体罚学生、虐待学生；同样，健康第一也意味着在任何时候，都不能以牺牲健康为代价换取任何成绩和荣誉。

健康概念包括安全概念，又高于安全概念。

健康不仅指身体健康，也包括心理健康。只有同时拥有身体健康和心理健康，才算得上真正的健康。正是从这个意义上，人们提出了一个全新的口号："健康的一半是心理健康。"美好心灵和健康之情是一切善性和品行之根基，同样，健康（包括生理健康和心理健康）对知识、能力、人格也有根本性的作用，正如毛泽东所指出的："德智皆寄于体，无体是无德智也。"为此，他倡导："健康第一，学习第二。"健康第一、生命第一提示着我们，每个学生都是一个生命，敬畏生命，教师要有生命意识，生命是无价的，人是人世间最可宝贵的，教师一定要善待每个儿童，每个生命。

幸福第二：让孩子拥有一个幸福的童年——金色童年

追求儿童幸福，让儿童拥有一个幸福的童年，这是我们学校教育的第二要义。恩格斯指出："每个人都追求幸福"是一种无须加以论证的、"颠扑不破的原则"。费尔巴哈也说过："生活和幸福原本就是一个东西。一切的追求，至少一切健全的追求都是对于幸福的追求。"

童年不幸不仅是个人之不幸，也是整个民族的悲哀。实际上，童年本来就应当是和欢乐幸福联系在一起的。苏霍姆林斯基说得好：童年是人生最重要的时期，这不是对未来生活的准备时期，而是真正的、灿烂的、独特的、不可重现的一种生活。欢乐和幸福是孩子们心灵中巨大的、无可比拟的精神财产和财富。

童年幸福取决于学生的校园生活质量，这种生活质量又可从以下三个维度来衡量：身心愉悦的程度、内心充实的程度和成就感。身心愉悦意味着心灵的舒展以及身体上的放松和舒适，没有压抑感，没有疲惫感；内心充实意味着有丰富的精神生活以及有日渐明确的生活目标和学习目标，没有空虚感，没有无聊感；成就感意味着能够体验到成功的喜悦，感受到成长的快慰，从而形成积极的"自我意像"。（肖川）

反观我们现实的校园生活，是否存在着机械、单调、枯燥、乏味、紧张、焦虑的一面？在我们学校，儿童的人格、个性是得到应有的尊重和敬重，还是受到不应有的歧视和蔑视？在我们学校，儿童的天资、潜能、兴趣、爱好、专长是得到充分的发挥和施展，还是受到不屑的忽视和压抑？儿童对校园生活是憧憬，还是逃避？是其乐融融还是忧心忡忡？不久前，北京市教科院"小学课堂教学更新教育观念"课题组专家调查了十几所小学，发现"不爱上学"、"害怕上学"，在学校感到"不快乐"的小学生竟然占半数之多。石家庄师专对石家庄市的538名中小学学生进行的调查也显示：现在，"大部分孩子感觉不到快乐"。两地的调查结果说明，"不快乐的感觉"在中小学学生中确实具有一定的普遍性。爱因斯坦曾经说过："教育应该使提供的东西，让学生作为一种宝贵的礼物来享受，而不是作为一种艰苦的任务要他负担。"本来，学校应是一个学生们向往的地方，而现在，对孩子来说，似乎上学成了人生必经的磨砺。

为了让儿童有个幸福的童年，苏霍姆林斯基提出三项具体要求：（1）让每一个学生都有一门特别喜爱的学科；（2）让每一个学生都有一样入迷的课外制作活动（业余爱好）；（3）让每一个学生都有他自己最爱阅读的书籍（包括文艺作品和科技著作）。苏氏说，如果一个学生到了十二三岁还没在这三个方面显示出明显的倾向，那么教育者就应当为他感到焦虑，坐立不安，必须设法在精神上对他施以强有力的影响，以防止他在集体中变成一个默默无闻、毫无个性的"灰溜溜"的人。我们在苏氏三项要求上还要加两项要求：（4）让每一个学生都拥有一位他最敬爱的老师——老师对他像父母般疼爱和偏爱；（5）让每一个学生都有一个（群）他最投缘的同学——他们彼此间可以无话不谈。

我们必须从让儿童拥有一个幸福童年的高度重建我们的校园！目前十分迫切的是，切实保证儿童自由活动的时间，创设人性化的校园氛围，提供多样化的活动课程，从而让学生更多地体验到自由探索与成功的快乐和自豪，更多地体验到被人关注、被人爱护的温暖和幸福，更多地感受到人性的光明与和煦，感受到仁慈、宽容、友爱、互助、真诚等美德。

品行第三：让学生都成为有教养的人

品行排在第三似乎与常理不通，传统教育强调品行第一、做人第一。而我们却强调健康第一，幸福第二，品行第三。这是因为对儿童（教育）而言，高尚必须以幸福为基础，道德应该从健康、幸福的生活中生长出来，唯其如此，品行才能成为人格的内在组成部分，才能成为一种真正的向善的力量。相反，若是把品行凌驾于健康、幸福之上，甚至以牺牲健康、幸福为代价突出品行，这样势必导致道德（教育）绝对化、寡头化，道德将成为控制人、窒息人、扼杀人的一种外在的"虚伪"的强制力量，而不是造就人、发展人、成全人的一种内在的真实的解放力量。

道德、品行教育必须植根于儿童真实的生活中，即健康、幸福的生活中，它旨在唤醒、弘扬、生发和不断地提升儿童心中的"向善性"。

"人性向善"不是一个需要去证明的事实，而是一种价值承诺，一种有待实践的理想：是教育信念确立的基础和前提，是道德教育的根本原则（肖川）。"人性向善"是说在人性中先验地存在着各种道德的萌芽，正如孟子所指出的，人的内心中都有恻隐、羞恶、辞让、是非之四种善端，"人之有四端也，犹其有四体也。"当代人本主义心理学家罗杰斯也强调指出："人的本性"基本上是"建设性的和值得信任的"，是"社会性的"而不是反社会的，人在本性上是"积极的、社会化的、朝前发展的、合理和现实的"。为此，道德教育就是要通过启发、唤醒等方式来发掘、弘扬人的潜能中积极的、美好的、建设性的、善良的因素。"如果认为人的内心深处基本上天生是恶的，那么必然意味着压抑性统治、不信任、控制和警戒。"

反观我们现实的学校道德教育，往往把"禁止"、"防堵"，甚至"管、卡、压"作为立足点和基本手段，学生受到来自多方面不应有的限制和束缚，个性差异、独立人格得不到应有的尊重。过度防范、强制和惩罚，既与道德的真义不符，也与教育的旨趣相悖。对人充满信任，以真诚的态度和胸怀对待我们的学生，即使遭受一些挫折和痛楚，我们也不能因噎废食！

坚持人性本善，并努力为儿童创造出健康、幸福的生活环境，唯其如此，我们才能把儿童培养成为有教养的人。

学业第四——让学生拥有一份成功的学业

把学业成绩排在第四,这在视分数为命根的学校似乎有点不可理喻。但是,学业成绩只有建立在健康、幸福、品行的基础上,才是有价值的、有意义的。人首先需要健康,然后需要幸福,而我们对人的要求也是,首先做一个有教养的人,然后做一个有出息的人。过分强调学业成绩,把学校教育考试化,把教育对象分数化,会给整个教育带来灾难。半个世纪前,陶行知就曾深刻地指出,分数主义会导致学习赶考化,赶考赶走了时间,赶走了脸上的血色,赶走了健康,赶走了有意义的绚烂多姿的生动活泼的青少年时代,赶走了对父母的关怀,赶走了对民族人类的责任,剩下的只有干巴巴的分数,人被分数剥夺得多么贫困!

我们认为,分数是重要的,对分数的追求也是不可避免的,但是,任何时候我们都不能以牺牲儿童的健康、幸福、品行为代价来换取所谓高分。那样不仅得不偿失,也使分数异化,变成毫无价值的东西。

当然在基础教育,特别是义务教育阶段一定要保证让受教育者掌握一定数量和质量的、对其一生发展具有工具作用与奠基作用的基础知识,要保证人类文明传承的核心要求能够落实在绝大多数受教育者的身心发展之中。

分数仅仅是学业成绩的一个反映(指标),它不能等同于学业成绩,学业成绩应该反映学生的整体学力状况。学力就其内在组成部分而言,包括:

学力：
- 基础性学力：知识、技能
- 发展性学力：阅读、思考、想象、运算、表达
- 创造性学力：质疑、批判、发现、组织、应用

学力就其广义而言,包括:

学力：
- 操作性学力：知识、方法、能力
- 动力性学力：兴趣、情感、意志、动机、目的
- 调控性学力：元认知、学习策略、需要

学力最重要的因素是自主学习能力和自主学习态度,只有能够自主学习并乐于自主学习的人,才能永远拥有一份成功的学业。

个性第五——让学生成为个性丰富的人

这里所谓的个性是就其狭义——独特性而言的,主要指个人的兴趣、爱好、特长、专长等,让每个学生都有自己的喜爱,有自己的特长,进而有自己的绝招、绝活,这样不仅会使学生个人感到自己在世界上有价值、有意义、有实力、有地位、不可替代,从而积极乐观地、自尊自强地生活着;而且也会使学校进而使社会变得丰富多彩、生机勃勃。

个性排在学业之后,那是因为学业意味着全面性和基础性,是国家面向全体学生设置的统一课程,任何一个学生都必须首先在这些基础性必修课程上有所用功,然后在这个基础上发展个性专长。学生个性专长的培养有赖于学校的教育资源及其发掘和开发。学校必须从丰富学生个性的高度构建校本课程。

以上排序只是观念上的价值导向,而不是实践上的实施步骤。另外,这五个方面本身也是相互渗透、相互交叉的关系,对它们的认识和实践不能纯粹化、绝对化。

全面发展教育应当是把健康、幸福、品行、学业、个性融合起来,使之成为不可分割的

整体。整体是基础，是出发点，整体是目标，是落脚点。

（资料来源：余文森："我的教育目的论"，《福建论坛》（社科教育版），2006年第5期。）

课节3 学校教育

【学习目标】 到本课节学习结束，你将能够：
1. 理解学校教育的本质；
2. 领悟学校文化；
3. 了解学校新文化的特点。

【预计时间】 135分钟。

【活动准备】
1. 事先在黑板/墙壁上挂好大白纸，准备好活动需要的记号笔、大白纸等材料。
2. 把桌子按马蹄形排列，确保每人都面向教师和黑板或活动挂图。
3. 教师根据教学需要，录制关于学校文化的实景，或者制作演示文档。

【活动概览】
活动1　阅读思考：学校教育的本质
活动2　交流与写作：理想的学校
活动3　案例分析：学校文化
活动4　情境分析：学校新文化

活动1　阅读思考：学校教育的本质

【活动目标】 理解学校教育的本质。

【活动说明】
1. 学校，一个司空见惯的社会正规教育机构。可是，什么是学校？学校是什么？并非一个名词、一个概念能说得清、道得明的。通过古今中外关于学校的论述及学校场景的描述，让学生在感悟与思考中理解学校教育的本质。
2. 在挖掘学校教育本质特征的过程中，不需要面面俱到，只要学员能够从资料中体会出最重要的特点就可以了。

【活动过程】
1. 阅读下面资料，在批判中反思学校教育的本质。

学 校 论

康熙　康熙二十一年（公元1682年）

治天下者莫亟于正人心、厚风俗。其道在尚教化以先之。学校者、教化所从出，将以纳民于轨物者也。是以古者家有塾、党有庠、术有序、国有学，人生八岁、自王以下至于庶人之子弟、皆入小学。及其十有五年、则自元子、众子以至公卿大夫、元士之适子、与凡民之俊秀、皆入大学。盖自家至于国、莫不有学、自天子至于庶人莫不学。自幼至于长、莫不皆学。凡学有诗书礼乐以为之本。干戈羽钥以为之文。父子君臣长幼之道于是焉。观之六德六行之教于是焉。取之所以淑其耳目手足之举措、而养其心以复其性、以为修己治人之大者。可谓备至矣。是以当时之君子、履信思顺以事其上，小人亦皆乐循礼而耻犯法，侯挞不事而至治以兴……学校者、教化之原。欲敦隆教化而兴起学校者，其道安在。在务其本而不求其末，尚其实而不务其华。以内行为先、不汲汲于声誉。以经术为要、不屑屑于文辞。如是则于圣人化民成俗之道。庶乎其有当也夫。

（选自《大清会典·学校典》，现代文见附件。）

2. 清朝康熙皇帝重视学校教育是为了自己的长久统治，应予以批判，但在论述中，也反映了学校自产生以来的本质特征。这一特征用关键词表示为：_____。

3. 教师随机选择一位或一组学员进行交流，并予以反馈。

4. 随着时代的发展，学校教育一方面肩负着传承文化的功能，另一方面也在不断地适应时代变化。在现代化社会里，学校教育又有了新内涵。请阅读以下资料，分析学校教育的新特点。

资料一：苏霍姆林斯基和他的"快乐学校"

1951年秋，苏联乌克兰帕夫雷什中学校长苏霍姆林斯基决定创建一所"快乐学校"，目的是"赋予每个孩子以幸福"。他认为："幸福是多方面的：它既在于人的才能得到发挥，热衷于劳动并在其中成为创造者；也在于能欣赏周围世界的美，并为他人创造美；还在于爱别人并被别人爱，把孩子培育成真正的人。"他让31名6岁儿童提前一年到学校来进行学龄前教育。这些孩子都生于战争结束前后的1945、1946年，31名孩子中有11名没有父亲，两名父母双亡，有的孩子本人还被战时遗留下来的炸弹炸伤。活着的家庭成员，有的健康幸福，有的有各种各样的不幸：疾病、贫困、离异、恶行……战争给孩子留下了身体和感情的创伤，有的孤独、冷漠，有的被溺爱。

他给孩子上的第一堂课，就是把他们带到集体农庄的葡萄架下，让每个孩子给母亲或其他亲人带去一串葡萄。此后一年中，苏霍姆林斯基把孩子带到蓝天下、森林里、河流边，通过童话、幻想和游戏，引导他们进入周围的世界，每天都发现一点新的东西，每天都有快乐。他和孩子们带着画画的本子，来到牧场、清晨的校园……观察蝴蝶飞舞、蜜蜂歌唱、牛群洗澡、露珠滚动，使学习成为生活中鲜艳夺目，兴趣盎然，充满生动形象、声音和旋律的一部分。

资料二：爱心校园

在北京西城区西单地区，坐落着一所环境优雅、树木繁茂、鸟语花香，融典雅的园林式建筑与现代化的教学大楼为一体的教学园区，这就是北京第二实验小学。

北京第二实验小学的前身是成立于1909年的京师女子师范学堂附属两等小学堂。经过近一个世纪的风雨历程，几经易名，终于1955年以"北京第二实验小学"的面貌呈现于世。现今的北京第二实验小学在国内名气较大，曾为中国的教育界培养了诸如陶淑范、霍懋征、关敏卿等优秀教师；为社会输送了钱学森、王光美、成思危等优秀人才；曾在20世纪

50年代发挥过学制改革、识字实验等示范校的重要作用。

如今的北京第二实验小学在校长"双主体育人"的办学理念指引下,通过"以爱育爱"、"以学论教"等形式全方位对学生实施素质教育。其校训是:"酷爱读书、勇于探索、崇尚文明、追求健美。"

为了营造"爱心校园"的氛围,学校自筹资金,将三座教学楼和校园的各个角落修整得和谐而别致。不论是由教师自行设计的名为"托起明天"的彩烛群雕,还是老师和学生额相抵、心相连的"爱"的雕像,都是北京第二实验小学师生浓浓真情的写照,强烈烘托出"爱心校园"的主题。校园内随处可见的鲜花、绿草,绘就了校园生命的深刻底蕴,特别是校园西侧的欢乐角和"小小动物园",更为校园增添了几多动感与灵性。正是这种温馨愉悦、爱意浓郁的育人环境,实现了教育与环境的完美结合。孩子们在这里学习,体验的不仅是优良的教育,更是一种爱的熏陶,一种灵魂的净化和精神的享受。

（资料来源：根据 http：//www.bjdesyxx.org 改编。）

5. 用关键词表达两所学校教育的特点（比如：快乐）。

（1）_____； （2）_____； （3）_____； （4）_____。

6. 教师随机选择一位或一组学员进行回答,并反馈意见。

7. 教师小结。

活动2　交流与写作：理想的学校

【活动目标】　激发师范生对教育事业的热情,并为此而奋斗。

【活动说明】

1. 究竟什么是理想的学校？也许很难给它一个周全的描述,但可以非常肯定地说,"如果一个人从来没有感受过人性光辉的沐浴,从来没有走进一个丰富而美好的精神世界；如果从来没有读到一本令他（她）激动不已、百读不厌的读物,从来没有苦苦地思索过某一个问题；如果从来没有一个令他（她）乐此不疲、废寝忘食的活动领域,从来没有过一次刻骨铭心的经历和体验；如果从来没有对自然界的多样与和谐产生过深深的敬畏,从来没有对人类创造的灿烂文化发出过由衷的赞叹……那么,他（她）就没有受到过真正的、良好的教育"。（张文质）基于此,本活动设计为交流与写作,目的是让学员尽情表达自己心中理想的学校,并为此而奋斗。

2. 为了不打乱课堂秩序,两两交流时,尽量让座位相邻的两位同学进行交流。

【活动过程】

1. 教师导语：理想的学校就是指"好学校"、"优质学校",也就是说,学生生活于其中,既能为今后的生活、工作打好基础、作好准备,也能为日后取得优异的学习成绩积累知识和技能,还能拥有丰富多彩的精神生活。每个人的心中,都有对美好学校的向往,那么,你心中的理想学校是什么样的呢？请大家两两交流,并用简洁的文字（200~400字）进行表达。

2. 学员两两交流并书写自己心中理想的学校。

理想的学校

---

3. 教师请2~3位学员说出自己心中理想的学校。
4. 教师小结。

 **活动3　案例分析：学校文化**

【活动目标】　初步领悟学校文化的含义。

【活动说明】

1. 学校文化，对于每一个受过正规学校教育的人来说，已不是一个生僻、新鲜的词语。但到底什么是学校文化？说者大多泛泛而谈，听者大多云里雾里。学校文化几乎成了钱钟书先生所讲的"你不说我还清楚，你越说我越糊涂"的那类概念。在此，不想让学员就概念论概念，而是想让学员对学校文化有一个比较真实的感受，因此采用录像或文字描述的方式进行呈现，达到用事实解答疑惑的目的。

2. 此活动还可以与师范生的教育见习、实习相结合，让学员在见习、实习时，真切地感受一下学校文化。

【活动过程】

1. 教师导言：学校文化对于每一位学生来说都不陌生。一般认为，学校文化包括三个层面：物质文化、制度文化和精神文化。这些文化在学校里是如何表现出来的呢？请大家走进学校场景，共同对学校文化进行分析。

2. 呈现学校场景。（可以是录像，也可以用文字描述）

场景一：面积不大，校舍挤挤挨挨地排列在一起。校园里有几块不规整的石头，教学楼前有几畦小草坪，不大的操场旁小桥流水潺潺。校长和教师们赋予了这些石头、草坪、小桥、流水丰富的内涵，可是，学生学习和生活的地方却显得非常拥挤……

场景二：拥有十几个班级，每个教室里都张贴着《小学生日常行为规范》和班级学生制定的《班级公约》，内容大同小异，非常简略，但班级的班风、学风却大相径庭……

场景三：学校最醒目的墙上镌刻着学校的校训，校园中心矗立着主题雕塑。每当有人参观时，校长就会津津乐道地向参观者介绍学校的校训、雕塑，以及蕴藏于其中的深刻涵义。但假如随意询问几位路过的同学：你们学校的校训是什么？具有何种涵义？主题雕塑的意义是什么时，同学们却常常抓耳挠腮……

3. 请大家思考并讨论以下问题：
(1) 物质文化等于物质吗？
_____
_____
_____。

(2) 制度文化等于制度吗？
_____
_____
_____。

(3) 精神文化等于精神吗？
_____
_____
_____。

4. 小组发言人发言。
5. 教师小结。

 活动4　情境分析：学校新文化

【活动目标】　对学校文化有更加深入的理解。

【活动说明】

1. 文化人类学家玛格丽特·米德曾说："一种文化，无论它多么微小，多么原始，或多么巨大，多么复杂，人们都可以认为，它是从人类潜能巨大的弧圈中选择了某些特征，并以比任何个人毕生能做的一切更强大的力量给予了精心建构。"① 所以，该活动采用场景呈现的方式，通过"校长信箱"、"悄悄话信箱"中学生对校长、老师的建议，以及课堂中的师生对话，让学生感悟现代学校新文化的特征。

2. 本活动是对上一活动的深化，如果说上一个活动重在对学校文化概念的理解，那么，这一活动强调对学校文化的深层诠释。

【活动过程】

1. 教师导语：随着世界由一元到多元的发展变化，社会文化的多元取向也流向了学校系统。比如，"理解、平等、对话"和"自由、民主、开放"的世界主题延伸到学校，传统的"师尊生卑"的格局被打破，师生民主平等、自由快乐的新文化特点正在生成。让我们再次走进学校，走入每一个角落，细心查看，用心聆听一下学校新文化的脚步。

2. 呈现学校场景。（可以是录像，也可以用文字描述）

场景一："校长信箱"。

"校长：应该也让我们初三年级的学生经常参加一些学校和社会活动，不要因为学习就什么都不参加。其实，活动也能增长知识。"

场景二："悄悄话信箱"。

---

① ［美］露丝·本尼迪克著，何锡章等译：《文化模式》，华夏出版社1987年版，第1页。

"（数学）老师：您真漂亮，如果您在上课时能再温柔一点，不要太严肃，能够面带微笑，您就会更加漂亮，而且课堂气氛也会更加活跃。"

"老师：我知道您教品德课很辛苦，可我总觉得品德课枯燥，品德课只讲书本那点知识，都是不停地写笔记，课后作业还留了很多，比语文课还要累得多。我希望品德老师别总讲课本上的死知识，不要再让我们不停地写笔记，增加一些课外的知识。"

（资料来源：季苹主编：《学校发展自我诊断》，教育科学出版社 2004 年版，第 73 页。）

场景三：课堂教学。

《去打开大自然绿色的课本》教学片段

师：同学们再读读课文，想想，诗人为什么说大自然是课本呢？

生：因为大自然里充满着知识，充满了科学的奥妙。牛顿就是从苹果落地受到启发发现了万有引力。

师：哦，那就是说大自然是一本奇妙的科学课本了！谢谢你，你打开了我的思路，我的脑中突然冒出了一个很有意思的话题，咱们不妨来讨论讨论：大自然是本什么书呢？

（这时孩子们来劲了，先是交头接耳一番，随即便是一片小手的森林。）

生：我认为大自然是本语文课本，当你看到树木的时候，就会想起"术"字。我们倚靠在大树旁，不就是"休"字吗？

生：我认为大自然是音乐课本。小燕子是音符。《燕子》中写道：停着的燕子成了音符，谱出一支春天的歌。

生：我也认为是音乐课本。小蝌蚪才是音符呢，小河哗啦啦地往前跑，像在唱着一首古老的歌谣。空中，小鸟在赛歌，那是民族唱法，"自在娇莺恰恰啼"嘛；林间，野兽在狂吼，那都是摇滚。

生：我认为是美术课本。它色彩鲜明，线条多样，层次丰富。山川田野，鸟兽虫鱼，都是画上的景观。

师：真美呀，我又想起了一句诗：云是天空的画。

生：我不说课本了，我认为大自然是一本童话书，一本用绚丽色彩描绘成的童话书。一年四季，都在讲述着不同的故事。春天的童话是嫩嫩的，夏天的童话是碧绿的，秋天的童话是金色的，冬天的童话是雪白的。

师：好浪漫的想象啊！

师：同学们，大自然真是神奇而又美妙，打开它，你就会感受到它的魅力。我相信，只要我们用心体会，它还会是数学课本、体育课本，甚至舞蹈课本。就像我们心中各有一种大自然的色彩一样，我们只要用心阅读，也同样会拥有一本属于自己的大自然课本。

（资料来源：周益民："绿意在心间生长"，《当代情境教育》，第 2 期。选录时有删减。）

3. 通过一幅幅学校场景，你感受到了怎样的文化气息？请把它表达出来。

学校新文化的基本特征：

(1) ＿＿＿＿＿＿＿＿＿＿＿＿； (2) ＿＿＿＿＿＿＿＿＿＿＿＿；
(3) ＿＿＿＿＿＿＿＿＿＿＿＿； (4) ＿＿＿＿＿＿＿＿＿＿＿＿。

4. 教师小结。

课后作业

1. 苏霍姆林斯基曾说:"要使学校的每一面墙壁说话,发挥出人们期望的教育功能。"试分析其中蕴涵的意义。
2. 小组合作采访一位中学或小学优秀教师,请他(她)谈谈自己的幸福观。

课外阅读

B. A. 苏霍姆林斯基著:《育人三步曲》,人民教育出版社1998年版,第106~279页。

相关链接

1. [德] 雅斯贝尔斯著,邹进译:《什么是教育》,生活·读书·新知三联书店1991年版。
2. [德] 伊曼努尔·康德著,赵鹏译:《论教育学》,上海人民出版社2005年版。
3. [美] 约翰·杜威著,王承绪译:《民主主义与教育》,人民教育出版社2001年版。
4. [法] 卢梭著,李平沤译:《爱弥儿——论教育》,人民教育出版社2001年版。
5. [德] 赫尔巴特著,李其龙译:《普通教育学·教育学讲授纲要》,人民教育出版社1989年版。
6. [捷] 夸美纽斯著,傅任敢译:《大教学论》,人民教育出版社1984年版。
7. [英] 怀特海著,徐汝舟译:《教育的目的》,生活·读书·新知三联书店2002年版。
8. 钟启泉、崔允漷主编:《新课程的理念与创新——师范生读本》,高等教育出版社2003年版。
9. 朱永新著:《我的教育理想》,南京师范大学出版社2004年版。
10. B. A. 苏霍姆林斯基著:《育人三步曲》,人民教育出版社1998年版。

单元二

解析教师

★ **本单元概述及学习要点：**

教育大计，教师为本，教师是履行教育教学职责的专业人员，承担教书育人、培养社会主义事业的建设者和接班人、提高民族素质的使命。要完成这一使命，就要明确教师的角色，提高教师的素养。随着时代的发展，教师职业的专业性特质更加凸显，教师作为专业人员的内涵更加丰富，教师的行为也受到广泛关注。作为未来的教师，应充分认识自己以后从事职业的专业性质，根据专业标准塑造自己、完善自己。

学习要点：

☐ 教师的使命与角色
☐ 教师的专业发展
☐ 教师的专业素质

课节 1 教师的使命与角色

【学习目标】 到本课节学习结束，你将能够：
1. 明确教师的使命；
2. 理解教师的角色；
3. 了解教师的作用。

【预计时间】 135 分钟。

【活动准备】

1. 小组整理采访优秀教师的资料，做好演示文档，并选出发言人。

2. 全班选择一位计时员，每个小组的发言时间限制在 4 分钟内。

3. 小组成员分工：按需要分成主持人、发言人、记录人、报告人、音量控制人、材料保管人等。

4. 大白纸、记号笔。

【活动概览】

活动 1　采访汇报：教师的使命

活动 2　意识唤醒：教师的角色

活动 3　头脑风暴：教师的作用

活动 1　采访汇报：教师的使命

【活动目标】　明确作为一名教师的使命。

【活动说明】

1. 教师的使命在《教师法》中有明确规定，它决定了教师的言行，表现为教师的苦乐观、幸福观。我国曾有学者对中小学教师的"苦乐观"进行过一次调查，结果表明：80%的教师认为最使他们高兴的事就是学生在学习、工作中取得成就；最使他们感到有乐趣的是看到学生的学业和品德的不断提高；最使他们感到头痛的事是碰到学习不动脑筋的学生。[①] 现实生活中，教师的幸福观又是怎样的？这是师范生最想知道的，通过对优秀教师的采访，不仅让师范生了解了教师的真实感受，也让他们受到了一次良好的教育。

2. 在小组代表发言之前，教师应先检查每个小组的作业完成情况，以免准备不充分。

3. 在进行小结时，教师一方面应将小组采访内容进行归纳，另一方面要揭示出教师幸福的外在基础——职业神圣，与内在源泉——善于创造幸福。

【活动过程】

1. 教师导语："在漫长的教育史上，教师往往被看成是某种神圣的或社会主导性观念的传播者。教师有如牧师，是圣训的代言人，或是统治者声音的发布者。教师之所以为教师，是因为他具有知识或观念。"[②] 所以，教师职业一经产生，就注定了其"知识化身"、"神圣之师"的命运。我国《教师法》规定："教师是履行教育教学职责的专门人员，承担教书育人、培养社会主义建设者和接班人、提高民族素质的使命。"这一使命虽然平凡，却充满乐趣。孟子把"得天下英才而教育之"看成是人生最大的幸福。在实际生活中，教师是否具有这样的快乐与幸福感呢？请每个小组将采访的内容向大家进行汇报。

2. 小组发言人依次进行汇报，在规定的时间里，其他成员可以补充。

3. 教师小结。

活动 2　意识唤醒：教师的角色

【活动目标】　掌握教师的行为规范。

---

① 叶澜等著：《教师角色与教师发展新探》，科学教育出版社 2001 年版，第 86 页。
② 教育部师范教育司组织编写：《教师专业化的理论与实践》（修订版），人民教育出版社 2003 年版，第 19 页。

【活动说明】

1. 教师的角色实质上是一个角色丛。在学校生活中，学员对教师的角色已有一些了解，因此，该活动从回忆中小学时代的教师开始，唤醒同学们的意识。最后，为了更深入地理解教师角色，又从案例出发，让学员进行分析。

2. 学员在填写"教师的角色"图时，可以再增加，也可以写不满。

【活动过程】

1. 教师引言：教师角色就是社会对于具有教师身份的个人与群体的行为模式所寄予的一种期待和赋予的规定。既代表教师个体在社会群体中的地位与身份，也包含着社会所期望于教师个人表现的行为模式；既包括社会、他人对教师的行为期待，也包括教师对自己行为的认识。在现代社会中，教师应具有哪些角色呢？《学会生存——世界教育的今天和明天》指出："教师的职责现在已经越来越少地传递知识，而越来越多地激励思考；除了他的正式职能以外，他将越来越成为一位顾问，一位交换意见的参加者，一位帮助发现矛盾论点而不是拿出现成真理的人。他必须集中更多的时间和精力去从事那些有效果的和有创造性的活动：互相影响、讨论、激励、了解、鼓舞。"① 那么，教师究竟有哪些角色？请大家回忆自己中小学时代的各科教师的言行，再在心里勾勒一下教师的角色，并写在下面的图中。

2. 我认为的教师角色有（用比较简洁的词语表达）：

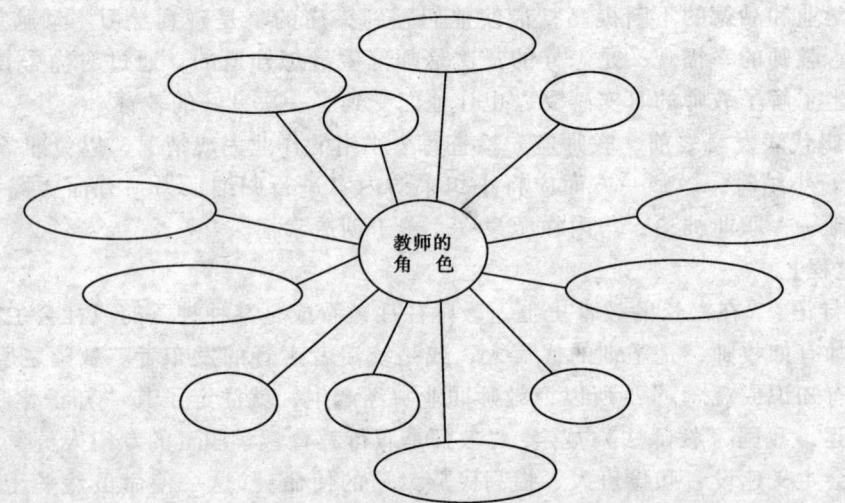

3. 小组讨论交流，保留大家共同认可的教师角色，并写在大白纸上。

4. 全班交流，小组发言人代表小组发言。教师把大家认可的角色写在大白纸或黑板上。

5. 分析以下案例中教师的角色。

（1）我和孩子们一起探究

"老师，这是蜗牛吗？"

我走过去一看，有点像蜗牛，但是没有壳。还没等我开口，围在旁边的同学就发生了争论：有的认为是爬出壳的蜗牛；有的则认为这不是蜗牛，因为它没有壳；还有的说不应瞎

---

① 联合国教科文组织，国际教育发展委员会编著：《学会生存——教育世界的今天和明天》，教育科学出版社1996年版，第108页。

猜，应该去查资料。我没有马上制止学生的争论，而是耐心地听着。到底是什么呢？坦率地说：我也不认识，凭感觉不是蜗牛。我对孩子们说到："老实告诉你们，老师也不知道，我们一起查找资料，寻找答案，好吗？""好！"孩子们兴奋不已。于是下课后我与学生一起走进学校计算机教室，到 INTERNET 上查询资料，经过努力终于找到了答案：原来这也是一种软体动物，叫蛞蝓，别名：鼻涕虫，生活在多种蔬菜及农作物上。它们不仅外形像蜗牛，生活习惯也与蜗牛很相似，喜欢阴暗潮湿的环境，并且还查到蛞蝓与蜗牛是同一祖先，但它们现在已是两种不同的动物了（成都市东大街第一小学，官清建老师提供的案例）。

教师的角色是_____。

（2）施教的支点

在亲人和许多老师眼里，小黄是一个不可救药的浪子。他原在潮州市区一所学校寄读，远离父母，失去家庭的管教，被坏人引诱，陷入胡作非为的泥潭。他无心学习，破坏学校纪律，而且在外面盗窃，他母亲忧心如焚，把他转到六联小学，请求到丁有宽老师的班里就读。在许多人反对的情况下，丁老师冒着风险把小黄留了下来。

要使浪子回头，必须选择好着力的支点。

一天放学后，丁有宽把小黄带到家里，搬出一大堆连环画，让小黄挑选阅读。小黄漫不经心地拨拉着，忽然眼睛一亮，发现了《聂耳的故事》，并习惯性地把书藏到裤袋里。

丁老师顺水推舟地说："《聂耳的故事》老师送给你，你带回家看吧。"小黄顿觉耳根一热。

这时，小黄骨骨碌碌的眼睛盯着墙壁，那里挂着一把二胡。丁老师随即说道："你喜欢拉吗？"话还没说完，小黄已经跳到桌子上。"啪"地一声，压在桌面上的玻璃板被踩碎了。

小黄害怕起来，双唇嗫嚅着。丁老师连忙安慰他："不要紧，不要紧，快看看划破了脚没有？"

细心的丁有宽正是从小黄对一本书、一把二胡的倾心中找到了施教的支点。此后，他加倍支持小黄爱音乐，想成为音乐家的兴趣与愿望，给他创造出许多发展"自我"、表现"自我"的机会，从中培养他做一个好学生的自信心，启发他树立为人民献才智的高尚理想。经过长时间的艰苦工作，小黄终于告别了昨天。后来，他考进了华南歌舞团，转而成为一名电影工作者。至今，他仍念念不忘自己的恩师丁有宽。

（资料来源：傅道春编著：《教育学——情景与原理》，教育科学出版社1999年版，第93～94页。）

教师的角色是_____。

（3）李吉林：情境教育的创始人

李吉林，江苏南通师范附属小学的一名普通语文老师，为了改变小学语文教学中"单调、呆板、低效"的弊端，为了满足小学生的好奇心和求知欲，于1978年开始了对情境教学的实践探索与研究。受外语教学情景法和我国"意境说"的启发，用"我们需要重新发现儿童，需要一种全新的儿童观来支撑我们的教育"的创造性思维，以"让学生充分活动"来伸展生命灵性为根基，以美的滋润、美的激发、美的推动为载体，让学生在感知美、理解美、创造美的体验中，达到完美人格全面生成的最高境界。历经26年的辛勤努力，刻苦研究，终于一步步地推出了具有中国特色的"情境教学"、"情境教育"和"情境课程"，构建了情境教育的理论框架及其操作体系,成为我国素质教育的重要模式之一。

教师的角色是_____。

(4) 一位美术教师开发校本课程的故事

四川省阿坝藏族羌族自治州黑水县红岩寄宿制小学的一位美术教师,在教学过程中发现学生对美术不感兴趣,不爱学习。为了寻找原因,他经常深入学生和家长之中进行调查,从而发现了学生不喜欢上美术课的原因:一是教材(指全国统编教材)内容不符合学生的生活实际,许多知识对学生来说很陌生;二是学生已有的知识结构与教材呈现的知识结构相距甚远;三是教材的文化背景与学生的文化背景差异太大。为此,他大胆改革,把教学内容改为与学生生活紧密相连的藏族装饰图案。一段时间后,他发现不仅学生对美术产生了浓厚的兴趣,而且家长也越来越支持学校的工作。因为许多学生能够把课堂里教师所教的内容与实际生活相联系,并能运用课堂上所学的美术知识来装饰、美化自己的家庭生活。现在,这位教师不仅对美术课程的开发充满信心,而且想得更深更远,他希望通过"藏族装饰图案"的教学,既能让学生美化生活,又能让学生充分了解本民族的文化,并把它继承和发扬下去。

教师的角色是_____。

6. 教师小结。

活动3　头脑风暴:教师的作用

【活动目标】深入理解教师的作用。

【活动说明】

1. 伴随教师使命与角色的确定,教师的作用已比较明确。但在社会上,流传着多种关于教师的隐喻,而每一种隐喻的背后都反映了人们对教师的期待。那么,这些隐喻是否恰当,它反映了怎样的教育理念?发挥了教师哪方面的作用?有何利弊?需要进行反思与审视。通过小组讨论和头脑风暴,可以使学员更加明确教师的作用。

2. 教师的隐喻有很多,一些隐喻包含的意思非常丰富,相互之间有交叉之处,教师在小结时,应注意尽量提炼学员们提出的观点,注意将散乱的成果按一定的逻辑顺序加以整理。为了整理方便,建议将其进行分类,如教师的作用、精神、知识和能力、地位、师生关系等。

【活动过程】

1. 教师导言:教师的每一个角色都承担着不同的职责,发挥着不同的作用。也就是说,教师有多少种角色,就应发挥多少种作用。但在社会上,人们经常用一些隐喻来诠释教师角色,隐喻属于"比喻"的一种,用一种事物暗喻另一种事物。如"教师是人类灵魂的工程师"、"教师是辛勤的园丁"等,于是乎,教师的作用也就愈加丰富。为深入探究教师的作用,请大家先说说社会上还有哪些与教师有关的隐喻。

2. 小组讨论,并把所想到的关于教师的隐喻写在大白纸上。

3. 小组发言人发言,要求不能重复。

4. 教师将以上隐喻写在黑板上,并进行归类。

5. 请每个小组任选一个隐喻,积极思考,并回答如下问题:

（1）这个隐喻令你想到了什么？
（2）这个隐喻反映了什么样的教育理念？
（3）按照这个隐喻，教师的作用是什么？
（4）这个隐喻对于教师作用的发挥有何利弊？

6. 倾听并记录要点：
_____
_____
_____
_____
_____
_____
_____。

7. 教师小结。

课后作业

1. 小组合作将课堂上选择的教师隐喻及讨论情况进行整理，并形成一篇小论文，字数 800~1000 左右。

2. 请阅读教育部师范教育司组织编写：《教师专业化的理论与实践（修订版）》，人民教育出版社 2003 年版，第 19~50 页，并回答以下问题：

（1）简要回答教师专业发展的历史进程。
_____
_____
_____。

（2）简要回答教师"专业发展"阶段的三大取向。
_____
_____
_____。

（3）为什么说教师职业是一种专业？
_____
_____
_____
_____。

（4）教师专业化与教师专业发展这两个概念的区别与联系有哪些？
_____
_____

课外阅读

1. 叶澜等著：《教师角色与教师发展新探》，科学教育出版社2001年版，第77~196页。
2. 佐藤学著，钟启泉译：《课程与教师》，教育科学出版社2003年版，第205~216页。
3. 陈向明："教师的作用是什么——对教师隐喻的分析"，《教育研究与实验》，2001年第4期。

课节2 教师的专业发展

【学习目标】 到本课节学习结束，你将能够：
1. 了解教师专业发展的历史；
2. 理解教师专业化与教师专业发展的含义；
3. 了解教师专业发展的阶段性及其影响因素。

【预计时间】 180分钟。

【活动准备】
1. 学习小组准备好"课后作业"的演示文档。
2. 小组推选出一位发言人代表小组发言。

【活动概览】
活动1　学习共享：教师专业发展的历史与研究进程
活动2　学习交流：教师职业是一种专业
活动3　小讲座：教师专业化与教师专业发展的含义
活动4　讲座与练习：教师专业发展的阶段性及其影响因素

活动1　学习共享：教师专业发展的历史与研究进程

【活动目标】 了解教师职业到教师专业的发展历程。
【活动说明】
1. 课后作业中，学员已经重点阅读了这部分内容，教师可以随机选择小组发言。每个问题的阐释时间5分钟左右。
2. 在一位同学阐释完毕后，其他同学如果有疑问，可以提问或进行补充，时间限制在3分钟以内。
3. 在小组代表发言之前，教师应事先检查每个小组的作业完成情况，以免准备不充分。
【活动过程】
1. 教师导言：教师职业伴随着人类社会的产生而产生，是人类社会古老而永恒的职业之一。但作为专门培养学校教师的专业性教育却只有 300 年的历史。伴随着教育普及化、教育理论与实践的丰富与发展，教师职业逐渐成为一种专门的、受人尊敬的职业，社会的要求又强化了教师的专业特征。那么，从教师职业到教师专业的发展历程如何？研究的进程与取向怎样呢？

2. 教师随机选择一个小组的发言人向全班阐释教师专业发展的历史。
3. 其他同学可以提问或补充。
4. 教师随机选择一个小组的发言人向全班阐释教师专业发展的进程与取向。
5. 其他同学可以提问或补充。
6. 教师小结。

活动 2　学习交流：教师职业是一种专业

【活动目标】　理解教师职业是一种专业的重要性。
【活动说明】
1. 课后作业中，学员已经重点阅读了这部分内容，教师可以随机选择一组进行解释，时间 6 分钟左右。
2. 解释完毕后，其他同学如果有疑问，可以提问或进行补充，时间限制在 3 分钟以内。
【活动过程】
1. 教师导言：一种职业要被认可为专业，不是一蹴而就的，需要具备一定的条件，教师职业是否符合这些专业条件？或者说教师职业的专业化程度究竟如何？请大家进行解释。
2. 教师随机选择一位小组的发言人向全班解释专业的基本特征和教师职业是一种专业的理由。
3. 其他同学可以提问或补充。
4. 教师小结。

活动 3　小讲座：教师专业化与教师专业发展的含义

【活动目标】　理解教师专业化与教师专业发展的含义。
【活动说明】
1. 课后作业中，学员已经重点阅读了这部分内容，教师可以随机选择一组进行讲解。
2. 解释完毕后，其他同学如果有疑问，可以提问或进行补充，时间限制在 3 分钟内。
3. 这一问题既是本课节的重点，又是难点，教师在进行小结时，应根据学员在讲解时没有阐释清楚的内容进行补充和完善。
【活动过程】
1. 教师导言：说到教师专业发展，还有一个词语——教师专业化。从广义的角度说，这两个概念是相通的，都指加强教师专业性的过程。但从狭义的角度说，它们之间还是有一定的区别。请听以下同学的讲解。
2. 教师随机选择一个小组的发言人向全班同学讲解教师专业化与教师专业发展的含义。时间 5 分钟。

3. 其他同学可以提问或补充。

4. 教师随机选择一位小组的发言人向全班同学讲解教师专业化与教师专业发展的联系与区别。时间5分钟。

5. 其他同学可以提问或补充。

6. 教师小结。

 **活动4　讲座与练习：教师专业发展的阶段性及其影响因素**

【活动目标】了解教师专业发展的阶段性及其影响因素。

【活动说明】
教师在进行讲解时，应注意学员的接受程度，最好是边讲边练。

【活动过程】
1. 教师讲解：教师专业发展的阶段性。
主要介绍我国学者提出的"自我专业发展意识"与"自我更新"取向教师专业发展理论。

2. 请同学们根据老师刚才所讲内容，阅读下面案例，并回答问题。

案例一：我的老师对我意味着什么

一名教师在谈及儿童时代某教师对自己后来为师的影响时这样写道：一天中最美好的一刻便是老师讲故事的时候。我凝视着她的一举一动，聆听她说话时发音的方式。回到家里，我就玩学校里的过家家游戏，我一丝不差地照着老师的样子把她讲给我听的故事再原原本本地讲给想象中的小朋友听……虽然这已是多年以前的事了，但至今仍记忆犹新，因为我知道这位教师对我意味着什么。

（资料来源：傅道春主编：《教师的成长与发展》，教育科学出版社2001年版，第116页。）

案例中的"教师"处于专业发展的_____阶段。

案例二：教学设计，九易其稿

窦桂梅老师在设计《秋天的怀念》一课的开头时，曾九易其稿。第一稿，她找出了史铁生在《我与地坛》中的一个片段，目的是让学生带着和作者一样的自责和内疚走进课文，并为学生体会"好好儿活"作铺垫。不过，经仔细琢磨，感觉这样开头明显有先入为主之嫌。第二稿设计时，引入一位叫游珍的儿童写的诗，目的是让学生从生活入手，感觉到儿童对妈妈的怀念与中年人对母亲的怀念——内容不同，情感相同。但觉得还是有些生硬且不自然，担心这名儿童的感情，侵占了史铁生的情感在学生心中应有的位置。于是，删繁就简，有了第三稿的开头：读题目、以秋天为题作画……到第六稿时，开场白已经修改为：清华附小有一位校友叫史铁生，现在已经54岁了。在他二十多岁的时候母亲就离开了他。但不能这样说完就完事了——引用哪段话合适呢？于是，第七稿就加上了一段《合欢树》里的情景。再进行整理之后形成了第八稿。但是，有一次在课堂上，忽然"发现"："母亲活得太苦了"这一句，于是灵机一动，让学生谈感受，教师顺势板书"苦"，然后下面的暗线就以

"苦"展开。终于,有了第九稿。

(资料来源:肖川主编:《名师备课经验(语文卷)》,教育科学出版社 2006 年版,第43~45页。)

案例中的窦桂梅老师处于专业发展的_____阶段。

3. 教师讲解:影响教师专业发展的主要因素。

教师专业发展受到多种因素的影响,在不同的发展阶段,影响教师专业发展的因素又各不相同。总的来说,归纳如下:

(1)进入师范教育前的影响因素。教师幼年和学生时代的生活经历、主观经验以及人格特质等,对教师的专业发展都会产生影响,尤其是这一时期的"重要他人",如父母、老师,对其教师职业理想的形成、教师职业的选择、教育信念与教育行为模式的形成有着至关重要的影响。除此之外,青年人的价值取向、教师社会地位与待遇的高低、个人的家庭经济状况等也会对教师职前的职业选择乃至职后的专业发展产生影响。

(2)师范教育阶段的影响因素。在师范教育阶段,教师专业发展同样受到多种因素的影响。一方面,师范教育的课程设置、培养模式会直接对教师的专业发展构成影响。另一方面,在接受师范教育期间,师范生的社会背景、人格特质、学校的教育设施、条件环境等也是影响师范生专业发展的重要因素。

(3)任教后的影响因素。教师任教后专业发展的影响因素主要有学校环境、教师的社会地位、教师的生活与工作环境、学生、教师的同辈团体等。其中,教师的工作与生活环境是影响教师专业发展的主要因素。教师个体的职业理想和工作态度决定着教师的专业发展;教师职后继续教育的培养方向、培训方式方法和质量同样影响着教师的专业发展的程度。

4. 两两结对,举例说明"进入师范教育前"和"师范教育阶段"对自己影响最大的一个人或一件事。

5. 教师小结。

课后作业

阅读下面的访谈录,针对这一"个案"或其他优秀教师成长的"个案",小组讨论优秀教师的成长过程,提出本小组的观点。

傅道春:多年来,在教师行为研究中,我一直在思考着:一个优秀教师的成长大体要经过几个阶段?每个阶段需要有哪些主、客观条件?需要具有哪些个性的表现?成长期通常的时间和较短时间是多少?他们在起点、中继和到达目标过程中有哪些特点和差异?这些在教师成长的"个案"研究中已看到了一些眉目。在这里我向大家介绍一位有着16年教龄的特级教师,从他身上我们可以看到一批优秀教师成长中共有的印记。成为优秀教师的人,大多不是在匀速运动中"磨"出来的,而是最初就具有爆发力的人,他们往往是"一炮打响"。因此,优秀教师是在一个不太长的时期里走完这个过程的。刘老师,我想了解一下你的成长过程,并想知道你刚做教师时的作为。

刘大伟:我在教学上的发展大体可以分为三个阶段。第一个阶段是头3年。我称这个阶段为"探索期"。在这个阶段里,我完成了由学生到教师的角色转换,而且有了比较满意的起跑。那是在我工作不满3个月时参加的区"教学百花奖"比赛。我工作不满百天,正处在"摸着石头过河"阶段,教学经验和教学技能无从谈起;我有的只是年轻人"初生牛犊不怕虎"的勇气。幸运的是当时组内的两位特级教师和两位高级教师，都是在政治教学领域颇有影响的教师。老教师们手把手地教我备课，教学中的每一个环节都替我考虑得无微不至；比赛结果，我居然战胜了所有的竞争对手，获得了一等奖。这次成功给了我信心，使我感悟到"我行"，"我能成为一个好老师"。

傅道春：新教师起跑的"爆发力"源于师范教育所给予的底蕴。我想知道你当时是怎样一位师范生？你为后来做教师准备了些什么？

刘大伟：第一次参赛活动获奖，老教师们固然功不可没，但也在于我自身较为全面的素质。我喜欢文学，擅长文艺。我的口才很好，曾获过全国大学生演讲比赛一等奖。我说这些是要说明一点，全面的素质对于一个有发展前途的青年教师来说是至关重要的。一个好老师应当"博"一点，"杂"一点。高素质决定了高起点，这样的老师完全可以缩短甚至跨越"影响质量期"，迅速走向成熟。

傅道春：许多事情起始决定着结局。优秀教师有优秀教师的起始。我在教师培训中特别强调"起点"给予。因为在这里已经开始形成"优秀"与"一般"教师的差别。不知你成长的初始状态能否说明这一点。

刘大伟：是的。从心理学上讲，新生儿如果在出生后的三四年中没能正常地接触社会，便错过了智力发展的关键时期，日后很难形成正常人的思维及语言能力。教师也是如此，如果在参加工作的前三年不能很快进入角色，并初步树立自己的教学形象，那么在以后的日子里，他充其量也只能成为一个"教书匠"，很难有大的作为。如果把教师的成长比作一座大厦的话，那么"探索期"是奠基的工程。

傅道春：在度过了"探索期"后，你的教学过程发生了哪些变化，又有哪些突破？

刘大伟：我教学生涯发展的第二阶段，我把它称为"成熟期"。其标志：一是我开始注意对教学实践的理论总结；二是我已经形成了自己的教学风格。在这个阶段里，我对国家颁布的"教学大纲"已心领神会，对高中教材也已了如指掌。在教学实践中，我越来越体会到简单的模仿和对课堂教学的一些皮毛的改革，已经在一定程度上束缚了我的发展，于是，我开始有了对自身教学理性的分析。认识上的提高，带来了教学实践的革命。备课，我有了"三步曲"：第一步，"有它（教材）没我"；第二步，"有我有它"；第三步，"有我没它"。上课，我有了"三境界"：第一境界是"形动"，即千方百计吸引学生，让学生喜欢上政治课；第二境界是"心动"，即用我的真情打动学生，刻意创设特定的课堂情感氛围；第三境界是"神动"，即把我的观点变成学生的思想，进而导之以行。

傅道春：由"探索期"到"成熟期"是一次飞跃，能谈谈实现这一飞跃的条件吗？

刘大伟：我想实现这一飞跃的条件至少应当有三个。第一是在师德上，教师应当有强烈的进取意识，责任感和使命感应当是其教学乐章中两个最强劲的音符。第二是在教学上，他必须有自己独到的教学风格，能实现教师的职业共性与教师本人特性的和谐统一。第三是对教育理论的运用。教师必须摆脱教育行为中的盲目性和随意性，对教育理论的运用从自发升华到自觉。

傅道春：教师到了成熟阶段，怎样进一步规划自己，怎样着手处理新的工作现实？

刘大伟：最近几年我不再满足于上好一堂课或者是写好一篇论文，我的内心深处常常涌动着一种创造的冲动和开拓的渴望。当我读过《管理新论——无为管理学》这本新书时，产生了极大的渴望。联想到相当多的政治课空洞、枯燥，教育效果事倍功半，甚至事与愿违,正是与我们的教育方式和目标过于直露有关。于是,我开始探索把"无为管理"引入课堂教学,开展了"无为教育"的实验。实验方法是:有意把政治课的某些教育目的隐藏起来,虽然教师是看似无意地触动学生的心灵,促使其觉悟,但这种无形的教育比直白的说教更有力量。由于我在教学领域的不断创新,先后两次获省级科研成果一等奖,还被评为"哈尔滨市十大杰出青年"。我把优秀教师发展的第三个阶段称为"创造期",这个时期具有以下三个方面的特点:第一,对事业、对学生的挚爱,这是走向成功的动力。第二,对教育发展的前瞻性和预见性,这直接关系到一个教师的发展方向。第三,具有较强的科研能力,这标志着一个创造型教师的水平。

傅道春:刘大伟老师的成长经历说明,任何事物的发展都是一个辩证否定的过程,从肯定到否定,再到否定之否定是事物发展的一般规律。教师的发展过程自然也不例外,是一个不断自我否定自我超越的过程。"探索期"是一个教师完成职业肯定的阶段,"成熟期"是对"探索期"的否定,也是一种发展。教师在"创造期"对未知东西的探索,表现上似乎与第一阶段"探索期"雷同,但二者有本质的区别,前者是学习和模仿,后者是开拓和升华。

(资料来源:傅道春主编:《教师的成长与发展》,教育科学出版社2001年版,第46~49页。)

课外阅读

1. 教育部师范教育司组织编写:《教师专业化的理论与实践(修订版)》,人民教育出版社2003年版,第68~73页。

2. 叶澜等著:《教师角色与教师发展新探》,科学教育出版社2001年版,第276~321页。

3. 刘捷著:《专业化:挑战21世纪的教师》,科学教育出版社2002年版,第47~82页,第93~113页。

课节3 教师的专业素质

【学习目标】 到本课节学习结束,你将能够:
1. 了解教师专业素质的含义;
2. 理解教师专业知识、专业技能和专业态度的基本内容;
3. 树立正确的教师专业发展观。

【预计时间】 135分钟。

【活动准备】

1. 小组成员分工:按需要分成主持人、发言人、记录人、报告人、音量控制人、资料保管人等。

2. 大白纸、记号笔。

【活动概览】

活动1　讲解与练习：教师的专业知识
活动2　意识唤醒：教师的专业技能
活动3　讲解与案例分析：教师的专业态度

活动1　讲解与练习：教师的专业知识

【活动目标】　理解教师所需要的专业知识，端正学习态度。

【活动说明】

1. 专业与非专业的根本区别在于专业活动需要有其自身独特的一套知识体系作为支撑。根据教师的职业活动，教师应具备的知识素养具有相当的复杂性。为了使学员容易理解，教师先进行讲解，然后让学员根据案例进行思考与分析。

2. 教师在小结时，应重点说明三种知识之间的关系。

【活动过程】

1. 教师导言：专业素质是专门职业对从业人员的整体要求，是以一种结构形态而存在的。教师的专业素质是指教师拥有和带往教学情境的知识、能力和信念的集合，它是在教师具有优良的先存特性的基础上经过正确而严格的教师教育所获得的。[①] 专业知识、专业技能和专业情意的水平是构成教师专业素质的主要部分，这三方面的发展水平决定了教师专业发展水平的高低。首先从教师的专业知识来进行分析。

2. 教师讲解。

对教师专业知识的研究是教师研究中开始较早的一个领域。但迄今为止，教师究竟应该具备哪些方面的专业知识还有不同的认识。我国学者认为，依据教师知识的功能，可以把教师的专业知识分为三个方面：本体性知识、条件性知识和实践性知识。本体性知识是指教师所具有的特定的学科知识，如语文知识、数学知识等。条件性知识是指教师所具有的教育学与心理学知识，对本体性知识的传接起到一个理论性支撑作用。实践性知识是指教师在面临实现有目的的行为中所具有的课程情景知识及与之相关的知识，具体说就是教师教学经验的积累。

3. 学员阅读以下案例，并解释原因。

案例1：对"有理数"的解释

说起有理数，大家并不陌生。可究竟什么是有理数？却常常被人们忽视。一天，有位学生问一位数学老师："老师，你说有理数是整数和分数的总称，有理数是有道理的意思，我不明白，整数和分数有什么道理呢？"老师回答："这是数学上的规定，没有为什么。"北京二十二中的孙维刚老师得知此事，很为这个老师的态度遗憾。于是他多方查证，发现这原来是翻译上的一个差错。整数和分数统称"rational number"，其实是"可以被精确地表示为两个整数之比例的数"，因为"rational"是"比率"、"配额"的意思。如 3 = 3 : 1，3/4 = 3 : 4 等。日本人将之翻译成"有理数"，我们又将它照搬过来。为什么日本人的翻译会出现差错

[①] 教育部师范教育司组织编写：《教师专业化的理论与实践（修订版）》，人民教育出版社2003年版，第53页。

呢？孙老师在研究了许多资料后认为，在明治维新时期，日本翻译了大量的英文科学著作，由于当时只求速度，所以在精确性上就没太讲究。

两位教师对"有理数"概念解释出现差异的原因：＿＿＿＿＿＿＿＿＿＿＿＿＿＿。

案例2：陈景润现象引发的思考

陈景润是世界上著名的数学家。他的学识渊博、智慧超人、刻苦钻研、顽强拼搏，探索并解决了世界难题"歌德巴赫猜想"，摘取了数学王冠上的明珠，取得了举世瞩目的成就。然而，当他从厦门大学毕业，被分配到北京市的一所中学担任数学教师时，却出现了令人难以置信的现象：空旷的讲台上，面对着一双双求知欲极强的学生，他束手无策，众目睽睽之下，他惊呆了。他不仅不能有条理地讲出知识，甚至怕见学生的目光，他把头埋着，恨不得钻到地下去。教学效果可想而知。后来，这位当年厦门大学的高才生确确实实被认为是"不合格"的中学教师。

陈景润被认为是"不合格"教师的原因：＿＿＿＿＿＿＿＿＿＿＿＿＿＿。

案例3：相似的情景　不同的结果

一天，我教孩子们学《狼牙山五壮士》这一课。在检查预习情况时，一个平时沉默寡言的学生小柳起来一本正经地说："老师，课文里多了一个字。""多了一个字？"我听了，感到有些疑惑，便追问说："多了一个什么字？""多了一个'铁'字。"他很自信地说："课文里有这么一句话：'班长斩钉截铁地说……'班长名叫斩钉截，后面不是多了一个'铁'字吗？"他的话音未落，教室里顿时炸开了锅。有的学生笑得前俯后仰。小柳见大家这么一笑，脸涨得通红，手足无措，十分尴尬。当时我火上加油，也冲了他一句，"哦，你的意思是班长姓'斩'名叫'钉截'？"经我这么一说，大家笑得更厉害了。这时，小柳羞愧得无地自容。从此，他再也不愿意举手发言了。

无独有偶，一个月后，我听一位教师教《就义诗》，在教学过程中，亦发生了类似的情形。

一个学生在朗读课文时，把"还有后来人"误读成了"还有后人来"。大家听了都哄笑起来，教室里的严肃气氛顿时化为乌有。怎么办呢？但见这位教师神态自若。她从容不迫地问："同学们，你们在笑什么？这位同学念的意思并没有错呀！"经她这么一说，教室里静了下来。她接着说："'还有后来人'意思是'还有接班人'；'还有后人来'意思是'还有人接班'。"这时，教室里鸦雀无声。教师又亲切地说："当然，意思不变并不等于说这位同学读对了。他所以念错，是由于没有看清楚的缘故。如果仔细看，认真读，就不会出这种不应该有的差错了。我们请他再为大家朗读一遍好吗？"同学们听了情不自禁地鼓起掌来。这时，那位站着的学生情绪更加激昂地读了起来。

（资料来源：文汇报《教育园地》编辑组编：《教师笔记》，知识出版社1983年版，第139～140页。）

相似的情景会产生不同结果的原因是：＿＿＿＿＿＿＿＿＿＿＿＿＿＿。

4. 教师小结。

活动2　意识唤醒：教师的专业技能

【活动目标】　理解教师所需要的专业技能，从而加强自己的基本功训练。

【活动说明】

1. 教师的专业技能包括教学技巧和教育教学能力两个方面。对于教学技巧，学员可以从给自己留下深刻印象的教学片段谈起，正例和反例都可以。对于教育教学能力，后面的单元中都要详细学习，因此，在该活动中只需了解即可。

2. 全班交流时，应注意不重复。

【活动过程】

1. 教师导言：与教师的专业知识一样，教师的专业技能也是教师专业素养的一个重要组成部分。教师的专业技能包括教师的教学技巧和教育教学能力两个方面。

教学技巧的功能在于引导学员的学习活动，并控制课堂气氛与学员的注意力，使教学活动能顺利进行。在教学过程中，教师需要多种教学技巧，请大家以"我的××老师"为题，回忆自己中小学时期的一位老师，在教学过程中给自己留下深刻印象的教学片段，并说明其中的教学技巧。

2. 小组交流，并把本组的交流结果写在大白纸上。

3. 全班交流，小组发言人发言。

4. 教师对教学技巧进行小结，并引出教师专业技能的另一内容：教师的教育教学能力。

5. 请同学们阅读以下资料，有疑问的请小组讨论或向老师提问。

教师的教育教学能力历来受到人们的广泛关注，由教师的教学能力与教育能力组成。[1]

第一，教学能力。教师良好的教学能力主要包括：

（1）教学设计的能力。具体表现为教师掌握和运用教学大纲的能力，掌握和运用教材的能力，制订教学计划的能力，编写教案的能力等。

（2）教学实施的能力。它是多种具体能力的综合，如选择和运用教学方法的能力，因材施教的能力，课堂教学组织的能力，运用各种教学技巧的能力等。

（3）学业检查评价的能力。主要表现为：设定评价目标和评价标准的能力，收集评价资料的能力，选择和运用评价方法和评价工具的能力，分析或解释评价资料与结果的能力以及反馈矫正的能力等。

第二，教育能力。教师要胜任社会对其职业提出的各种要求，就要具有新的教育能力。择其要点，尤其强调教师的以下几种教育能力：

（1）人际交往能力。学校教育系统是一个"人与人"交往的系统。在这一系统中，教师要具有与各种"人"进行对话、交往的能力。首先是与学生的交往。教师要实现有效的教育，要使学生积极主动地投入教育活动中去，就要与学生进行沟通与交流。其次是教师与教师的交往。教育是一项复杂而伟大的工程，需要教师之间的共同努力与集体合作。最后是教师与家长、与社区各有关机构中的人员建立合作与相互支持的关系。

（2）组织管理能力。在学校教育活动中，教师不可推卸地承担着组织者与管理者的责任。这就需要教师具备按教育目的规划教育活动的决策与设计能力、组织能力、管理能力等。这种能力对教育活动的有效性具有重要影响。

（3）教育研究能力。教师研究首先是对自己的教育实践工作与周围发生的教育现象进行研究，善于从中发现问题、发现新现象的意义，对日常工作保持一份敏感与探索的习惯，经

---

[1] 教育部师范教育司组织编写：《教师专业化的理论与实践（修订版）》，人民教育出版社2003年版，第63～64页。

常进行反思，不断地改进自己的工作并形成理性的认识。随着教师研究能力的进一步深入，教师就会对新的教育问题、思想、方法等进行多方面探索和创造，从而运用多方面的经验和知识，综合地创造性地形成解决新问题方案的能力，这使教师的工作更富有创造性和内在魅力。

6. 小组讨论或向教师提问。

7. 教师小结。

 **活动3　讲解与案例分析：教师的专业态度**

【活动目标】　了解教师的专业态度对教师专业发展的重要意义。

【活动说明】

1. 教师的专业态度包含着丰富的内容，可以结合课节2的课后作业——对优秀教师成长过程的分析，让学员深入挖掘与分析优秀教师的专业态度在其工作中的重要作用。

2. 教师小结时，应结合小组学员发言的内容，重点说明教师专业发展的意义。

【活动过程】

1. 教师导言：如果说"教师的专业知识"、"专业技能"强调的是教师"能不能教"、"会不会教"的问题，那么，"教师的专业态度"强调的则是"教师愿不愿教"。专业态度要比一般心理学意义上愿意、喜欢、向往的态度具备更深的含义和更高的境界，这是基于对所从事专业的价值、意义深刻理解的基础上，形成的奋斗不息、追求不止的精神。

2. 教师讲解。

教师的专业态度包括教师的专业理想、专业情操、专业性向和专业自我。教师的专业理想是教师对成为一个成熟的教育教学专业工作者的向往与追求，它为教师提供了奋斗的目标，是推动教师专业发展的巨大动力。具有专业理想的教师对教学工作会产生强烈的认同感和投入感，愿意终生献身于教育事业。教师的专业情操是教师对教育教学工作带有理智性的价值评价的情感体验，它是构成教师价值观的基础，是构成优秀教师个性的重要因素，也是教师专业情意发展成熟的标志。教师的专业性向是指教师成功从事教学工作所应具有的人格特征，或者说适合教学工作的个性倾向。教师所应具备的人格特征包括：热情慷慨，善于交际，关心他人，人际关系融洽。教师的专业自我是指教师个体在职业生活中所抱有的知识、观念、价值体系和教学风格的总和。主要包括以下几方面：（1）自我意象：对"作为一个教师我是谁？"问题的回答，可从一般的自我描述中推断出来。（2）自我尊重：与自我意象紧密交织在一起，是一种"评价性"的自我体验，即教师对自身的专业行为和素质作出的个人评价。（3）工作动机：是促使人们进入教学职业、留在教学工作岗位的动机。（4）工作满意感：指教师对他们工作境况的满意度。（5）任务知觉：指教师对工作内容的理解。（6）未来前景：教师对其职业生涯工作境况未来发展的期望。教师专业自我的形成过程，是教师素质不断提高的过程，是教师在教育教学领域形成个性化的过程，也是良好教师形象形成的过程。一旦专业自我形成，它不仅影响教师的工作态度和行为方式，也影响着教育教学的效果。

3. 阅读下面的案例，结合课节2的课后作业——对优秀教师成长过程的分析，阐释教师专业态度对教师专业发展的重要意义。

霍懋征：用爱成就事业

"小学教师"，是霍懋征老师心目中最圣洁的职业。不然，她不会在大学教师和小学教师中毅然选择了后者，更不会在这样一个"点"上一干就是60年！

1943年，霍懋征从北京师范大学毕业。她有机会可以留在学校里任教，但22岁的她作出了自己重大的、也是为当时和后来很多人难以理解的人生选择：去当小学教师！理由很简单：因为喜欢孩子。

后来，尤其是霍懋征取得成绩后，不断有机会可以让她离开小学教师的岗位，给她以更大的发展空间。但霍老师一直都没有为之所动，始终把自己标定在最初的选择上。仅此一点，就足以令人敬佩。我们用"矢志不渝"来形容、用"真爱"来解释，也许最为确切。

60年的小学教师生涯，写满了霍懋征的真情付出。既然为了爱孩子而选择，在从事这个职业——事业的漫长过程中，霍老师用自己全部的爱去干，对教育、教学的艺术孜孜以求，将爱付诸实践。

（资料来源："霍懋征：用爱成就事业"，《中国教育报》，2004年12月1日。）

4. 小组交流：教师专业态度对教师专业发展的重要意义。

_____
_____
_____
_____。

5. 小组代表发言。
6. 教师小结。

课后作业

如果按教师的专业素质进行自我塑造，从自己当前的实际出发，你认为最重要的三项内容是什么？请制订一个可行的实施方案。

课外阅读

1. 教育部师范教育司组织编写：《教师专业化的理论与实践（修订版）》，人民教育出版社2003年版，第51~67页。
2. 朱永新著：《我的教育理想》，南京师范大学出版社2004年版，第17~33页。

相关链接

1. 叶澜等著：《教师角色与教师发展新探》，科学教育出版社2001年版。
2. 佐藤学著，钟启泉译：《课程与教师》，教育科学出版社2003年版。
3. 教育部师范教育司组织编写：《教师专业化的理论与实践（修订版）》，人民教育出版社 2003 年版。

4. 刘婕著：《专业化：挑战 21 世纪的教师》，科学教育出版社 2002 年版。
5. 陈向明："教师的作用是什么——对教师隐喻的分析"，《教育研究与实验》2001 年第 4 期。
6. 教育部全国中小学教师继续教育网，http：//www.teacher.com.cn/。
7. 杭州教师教育网，http：//www.hzjsjy.com/cms/。

单元三

了解学生

★ 本单元概述及学习要点：

孩子是脚，教育是鞋，教育者（教师、家长）是造鞋人；只有了解了脚的大小与形状，才会制造出合脚的鞋子，在教育教学活动中，我们研究学生，深入地了解学生、认识学生，多角度地看待学生，才能设计出适合于他们的教育方法，才能将孩子培养成优秀人才。良好师生关系的建立、维系和发展，既是教育的基本要求，也是教育教学活动取得成功的必要保证。

学习要点

- ☐ 学生的本质属性
- ☐ 多元智力视野中的学生
- ☐ 建立良好的师生关系

课节1 学生的本质属性

【学习目标】 到本课节学习结束，你将能够：
1. 理解学生的本质属性；
2. 正确认识学生的权利与义务；
3. 树立正确的学生观。

【预计时间】 180分钟。

【活动准备】
1. 小组成员分工：按需要分成主持人、发言人、记录人、报告人、音量控制人、材料

保管人等。

2. 大白纸、记号笔。

【活动概览】

活动1　头脑风暴：学生是什么样的人？
活动2　应用练习：学生的本质属性
活动3　小讲座：学生的社会地位
活动4　案例分析：学生的权利

活动1　头脑风暴：学生是什么样的人？

【活动目标】　理解学生的本质属性。

【活动说明】

1. 对"学生是什么样的人"的回答，不仅反映了教师的学生观，也反映了师生之间的关系。通过头脑风暴，目的是让学员充分暴露他们对学生的看法。
2. 全班交流时，小组发言人应对本组的每一种观点进行简短的说明。
3. 教师在小结时，应强调大家都认可的观点。

【活动过程】

1. 教师导言：学生是人，这是毋庸证明、人所共知的命题。但是，学生究竟是一个怎样的人呢？请小组以此为题进行讨论。
2. 小组讨论，并把答案写在下面的圆圈内。

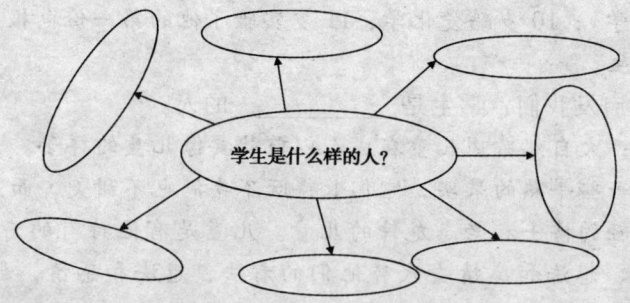

3. 全班交流，小组发言人代表发言。
4. 教师小结。

活动2　应用练习：学生的本质属性

【活动目标】　深入理解学生的本质属性。

【活动说明】

1. 选择应用练习的活动方式，是为了加深学员对学生本质属性的理解。
2. 教师小结时，应重点强调每一观点的原因及注意事项。

【活动过程】

1. 教师导言：请同学们根据活动1中对学生本质属性的了解，结对讨论，完成以下练习。

2. 学员结对讨论，完成以下练习。

(1) 下面这段材料启迪我们：学生是_____的人。

一次陶行知先生在武汉大学演讲。走上讲台，他不慌不忙地从箱子中拿出一只大公鸡，台下的听众全愣住了，不知陶先生要干什么。陶先生从容不迫地掏出一把米放在桌上，然后按住公鸡的头，强迫它吃米，可是大公鸡只叫不吃；怎么才能让鸡吃呢？他掰开鸡的嘴，把米硬往鸡嘴里灌，大公鸡拼力挣扎，还是不肯吃；陶先生轻轻地松开手，把鸡放到桌子上，自己后退了几步，这时，大公鸡自己就吃起米来。这时陶先生开始演讲："我认为，教育就跟喂鸡一样！先生强迫学生去学习，把知识硬灌给他，他是不情愿学的，即使学，也是食而不化，过不了多久，他还会把知识还给先生的。但是，如果让他自由地学习，充分发挥他的主观能动性，那效果将一定会好得多！"

(2) 下面事例警示我们：学生是_____的人。

他曾经整天猎鸟、捉昆虫，对任何昆虫都非常感兴趣、都要仔细观察，甚至到了废寝忘食的程度，虽然学习成绩平平，智商不高，但长大后成为进化论的创始人。他就是达尔文。

他曾经在小学二年级时，连 2＋2＝? 都不能理解，拼写单词时把所有的 e 都反着写，每次考试几乎都不及格，但却从不气馁，学习非常刻苦、努力，最终考上了医学博士，成为纽约大学医疗中心儿童神经外科主任。他就是蜚声医坛的弗雷德·爱泼斯坦医生。

他曾经被老师贬为"低能儿"，仅上过三个月的小学，但在母亲的教育下，8岁时阅读了莎士比亚、狄更斯的著作和许多重要的历史书籍，9岁时能迅速读懂难度较大的书，如帕克的《自然与实验哲学》，10岁酷爱化学，11岁实验了他的第一份电报，32岁发明了电灯。他就是大发明家爱迪生。

(3) 下面这段话启发我们：学生是_____的人。

教育家卢梭曾说：大自然希望儿童在成人以前就要像儿童的样子。如果我们打乱了这个次序，我们就会造成一些早熟的果实，它们长得既不丰满也不甜美，而且很快就会腐烂：我们将造成一些年纪轻轻的博士和老态龙钟的儿童。儿童是有他特有的看法、想法和感情的；如果想用我们的看法、想法和感情去代替他们的看法、想法和感情，那简直是最愚蠢的事情。

(资料来源：卢梭著，李平沤译：《爱弥儿：论教育》，人民教育出版社2001年版，第88页。)

(4) 下面的事例告诉我们，学生是_____的人。

曾经有一个孩子，4岁才会说话，7岁才会写字。他的老师对他的评价是："反应迟钝，思维不合乎逻辑，满脑子不切实际的幻想。"为此，他遭遇了退学的尴尬。可就是这个孩子，长大后成为著名的科学家，狭义相对论的创始人。他就是爱因斯坦。

曾经有一个孩子，在父亲眼里是"白痴"，在老师眼中是毫无前途的学生，考艺术学院3次均名落孙山，他的叔叔几乎绝望地对他说："你是怎么教也教不好啊！"可就是这个孩子，长大后成为法国著名的雕塑家。他就是罗丹。

曾经有一个孩子，整天呆头呆脑，言语木讷，没有人愿意与他交往，由于父亲是一名木材商人，所以人们都叫他"木头"。可就是这个孩子，长大后成为著名的文学家。他凭借小说《无法选择的命运》，获得了诺贝尔文学奖。

3. 教师随机选择4位学生，向全班同学交流他们的答案与原因。
4. 教师小结。

活动3　小讲座：学生的社会地位

【活动目标】　了解并尊重学生的权利。
【活动说明】
1. 学生的社会地位是指学生拥有的权利和应尽的义务。主要体现在《联合国儿童权利公约》、《未成年人保护法》、《教育法》中的相关条文中，教师的讲解应符合我国目前中小学校的实际情况。
2. 为了让学员容易理解，教师在讲解时应注意与案例结合。
【活动过程】
1. 教师讲解：学生的社会地位。
2. 教师小结。

活动4　案例分析：学生的权利

【活动目标】　深入理解学生的权利。
【活动说明】
1. 选择案例分析的活动方式，是为了加深师范生对学生权利的理解。
2. 教师小结时，应重点强调案例中的学生权利受到了哪些方面的伤害。
【活动过程】
1. 教师导言：根据教师的讲解，请大家进行案例分析。
2. 学员阅读以下案例，并分析学生的权利是否受到伤害？

案例一：一个学生的呼喊

　　我所在学校的每个班的后门上都有一个专门供老师窥视学生课上、课下表现的孔，几乎每节课班主任都会不定时地通过窥视孔察看学生的一举一动。这种行为不叫监视叫什么？我们是监狱里的犯人吗？老师这种与监狱里的看守有异曲同工之妙的行为，令我们这些成长中的学生感到莫名恐惧和无比愤怒。据我的一个朋友讲，他们学校教室后面还有监视器！我觉得无论老师有什么理由，也不应该监视我们，那种被监视的感觉就像赤裸裸地站在人群中任人品头论足一样！
　　（资料来源：杨东平编：《教育：我们有话要说》，中国社会科学出版社1999年版，第34页。）

案例二：出租学生为家具城装饰门面

　　某城镇一所小学经费比较紧张，该校领导为此十分发愁，正在想方设法搞创收，以改善办学条件、提高教师待遇之际，恰好本镇一家具城准备开业，老板想用100名学生来装点门面。老板主动找上门来，学校与老板双方一拍即合，决定出100名五年级学生，老板给每个学生一顶帽子，付学校500元劳务费。

10月10日上午8时,由两名教师带队,100名学生来到了家具城,先清理已摆好的各种家具。10点钟时,随着声声爆竹,开业庆典开始,学生们又手持鲜花欢迎前来祝贺的来宾,一直干到中午11点30分,学生才回家。尔后,500元的收入被学校平均分给了学校26名教师。

(资料来源:褚宏启编著:《学校法律问题分析》,法律出版社1998年版,第110页。)

案例三:一封未寄出的信

某校初三学生丁某平时学习不认真,经常调皮捣蛋,是班主任老师刘某的重点教育对象。一天下午自习课前,刘某来到教室,发现丁某不在,刘某走到丁某课桌旁,打开抽屉检查丁某复习题的完成情况,结果发现了一封尚未寄出的信。刘某拆开信一看,是丁某写给另一所学校一位女孩的情书。这时丁某回到教室,看见刘某在拆看他的信,就向刘某索要。刘某不给,并说:"不好好学习,竟然在谈恋爱!我看不好好教育教育,你是不知道改正的。"于是刘某在自习课上向全班同学读了丁某的信,大加奚落嘲讽,以其为典型警戒全班学生。并告诉了办公室的其他老师,给丁某造成了很大的压力,本来就不好的学习成绩更加一落千丈。

案例四:"有没有不用口来问的问题?"

在某小学低年级班里,一位非常好奇的孩子每天要向老师提非常多的问题,诸如,教师讲"问",提示学生记忆时说"问问题要用嘴,所以问字里面有个口"。这个孩子便问道"有没有不用口来问的问题?"又例如,当老师挂出一幅太阳公公的图画时,这位孩子便指出"不应该给太阳公公画胡子和眉毛。因为太阳里的温度太高了。"教师对这位孩子的反馈和评价竟是建议家长带孩子看心理医生,理由是:这孩子的问题太多了太怪了,思维有点问题。

(资料来源:袁振国主编:《教育原理》,华东师范大学出版社2001年版,第148页。)

3. 小组讨论并完成下面表格。

问题 \ 类别	案例一	案例二	案例三	案例四
案例中学生的权利是否受到了伤害?				
如是,受到了哪些方面的伤害?				

4. 大组交流,每组限时两分钟,不重复。
5. 教师小结。

课后作业

试分析下面案例中数学教师和"我"(周老师)的学生观。

有一次数学测验,下课铃响了,学生小霞还在埋头答题,数学老师催了一次,小霞仍在赶写,老师发火了,走过去夺卷纸,小霞用手一按,卷纸撕破了。数学老师怒气冲冲找我告状小霞也在《周记》中写道:"我恨死了数学老师,今后,我上课不听她讲课,在街上碰见了,我决不会理睬她。"看到这里,我"噗哧"一声笑了起来,提笔批道:"真是孩子气,老师执行考试纪律有什么错?至于不慎撕破了卷纸,你自己也有责任呀,你说对吗?"《周记》发回后,小霞立即写了补记:"周老师:你没有板起脸孔斥责我,可'真是孩子气',这五个字却深深地打动了我,我要去向数学老师道歉。"

数学教师的学生观:_____。

周老师的学生观:_____。

课节 2　多元智力视野中的学生

【学习目标】　到本课节学习结束,你将能够:
1. 了解多元智力的基本理论;
2. 理解多元智力视野中的学生观。

【预计时间】　90 分钟。

【活动准备】

小组成员分工:按需要分成主持人、发言人、记录人、报告人、音量控制人等。

【活动概览】

活动1　排序:谁最聪明?
活动2　阅读理解:多元智力理论
活动3　资料分析:多元智力视野中的学生观

活动1　排序:谁最聪明?

【活动目标】　了解"聪明"的评价标准。

【活动说明】

为了解学员对于"聪明"的理解,特设计此活动。

【活动过程】

1. 教师导言:你认为下面哪位人物最聪明,请排序。

丘吉尔、莫扎特、爱因斯坦、毕加索、迈克尔·乔丹、柏拉图、马丁·路德·金。

2. 学员进行排序。

我所排的顺序是:_____、_____、_____、_____、_____、_____、_____。

3. 教师随机选择3~4位同学交流排序结果,并简要说明原因。
4. 教师小结。

活动2　阅读理解:多元智力理论

【活动目标】　了解多元智力理论。

【活动说明】

多元智力理论的基本内容，一些同学早已耳闻，但仍需详细学习。通过阅读资料和讨论交流，加深印象。

【活动过程】

1. 教师导言：加德纳认为，智能并非标准化测试中所得到的成绩，而是在特定文化背景下或社会生活中解决问题或创造产品的能力。其中，解决问题是指能够针对某一特定目标，找到通向这一目标的路线。创造产品，不仅是指能够获取知识、传播知识，而且包括能够表达个人观点或感受的独特产品。据此，他重新界定了智力，提出了关于智力结构的新理论——多元智能理论。

2. 请同学们阅读下面资料，理解多元智力的基本内容。

资料：多元智力理论的基本内容

多元智力理论：又称为多元智能理论。传统智力观认为智能只是一种单一的逻辑推理或语文能力（换言之，除了逻辑与语文能力之外，其他能力都是没有价值的），如此的智力观点虽然可以准确地说明学生学习成绩的高低，但却难以解释大部分学生毕业后的专业成就与杰出表现。由此美国哈佛大学著名心理学家霍华德·加德纳提出了多元智能理论。

他认为：智能主要是解决问题或制造产品的能力，这些能力对于特定的文化和社会环境是很有价值的。在此基础上，他同时认为，一个人至少应该具备七大智能：即言语—语言智力、音乐—节奏智力、逻辑—数理智力、视觉—空间智力、身体—动觉智力、自知—自省智力、交往—交流智力。

（1）言语—语言智力（Verbal - linguistic intelligence），指个体听、说、读、写的能力，表现为个人能够顺利而高效地利用语言描述事件、表达思想并与人交流的能力。这种智力在记者、编辑、作家、演讲家等人身上有比较突出的表现。

（2）音乐—节奏智力（Musical - rhythmic intelligence），指个体感受、辨别、记忆、改变和表达音乐的能力，表现为个人对音乐，包括节奏、音调、音色和旋律的敏感以及通过作曲、演奏和歌唱等表达音乐的能力。这种智力在作曲家、指挥家、歌唱家、演奏家、乐器制造者和乐器调音师身上有比较突出的表现。

（3）逻辑—数理智力（Logical - mathematical intelligence），指个体运算和推理的能力，表现为对事物间各种关系如类比、对比、因果和逻辑等关系的敏感以及通过数理运算和逻辑推理等进行思维的能力。这种智力在侦探、律师、工程师、科学家和数学家身上有比较突出的表现。

（4）视觉—空间智力（Visual - spatial intelligence），指个体感受、辨别、记忆、改变物体的空间关系并藉此表达思想和情感的能力，表现为对线条、形状、结构、色彩和空间关系的敏感以及通过平面图形和立体造型将它们表现出来的能力。这种智力在画家、雕刻家、建筑师、航海家、博物学家和军事战略家的身上有比较突出的表现。

（5）身体—动觉智力（Bodily - kinesthetic intelligence），指个体运用四肢和躯干的能力，表现为能够较好地控制自己的身体，对事件能够作出恰当的身体反应，以及善于利用身体语言表达自己的思想和情感的能力。这种智力在运动员、舞蹈家、外科医生、赛车手和发明家身上有比较突出的表现。

(6) 自知—自省智力（Self-questioning intelligence），指个体认识洞察和反省自身的能力，表现为能够正确地意识和评价自身的情感、动机、欲望、个性、意志，并在正确的自我意识和自我评价的基础上形成自尊、自律和自制的能力。这种智力在哲学家、小说家、律师等人身上有比较突出的表现。

(7) 交往—交流智力（Interpersonal intelligence），指个体与人相处和交往的能力，表现为觉察、体验他人情绪、情感和意图并据此作出适宜反应的能力。这种智力在教师、律师、推销员、公关人员、谈话节目主持人、管理者和政治家等人身上有比较突出的表现。

3. 小组讨论交流：加德纳的多元智力理论，给了我们怎样的启示？

启示 1：_____。

启示 2：_____。

启示 3：_____。

启示 4：_____。

4. 全班交流，小组发言人代表小组发言。

5. 教师小结。

活动3　资料分析：多元智力视野中的学生观

【活动目标】　树立多元智力的学生观。

【活动说明】

1. 设计该活动是为了让学员更加深入地理解多元智力视野中的学生。

2. 教师在小结时，应注意纠正传统学生观中的"聪明学生"、"优秀生"、"差生"等评价标准。

【活动过程】

1. 教师导言：多元智能理论为我们认识和研究学生提供了全新的视野。根据这一理论，每个学生都有强势智能和弱势智能，成绩差并不意味着其他各方面都不好。因此我们不应当问"这个学生聪明吗"，而应该问"这个学生哪方面聪明"；不应该问"哪个学生聪明"，而应该问"这个学生哪些方面聪明"。作为一名教师，不要光看学生身上的缺点，而应该更多地观察学生身上的闪光点。要让每个学生，特别是成绩差的学生树立信心，看到自己的长处，找到自己努力的方向，体验到成功的乐趣。

2. 请同学们阅读以下资料，并讨论问题。

20年前中美教育考察团互访所写的报告

1979年中国曾派一个访问团去美国考察初级教育。回国后，写了一份3万字的报告，在见闻录部分有四段文字：

Ⅰ. 学生无论品德优劣、能力高低，无不趾高气扬、踌躇满志，大有"我因我之为我而不同凡响"的意味。

Ⅱ．小学二年级的学生大字不识一斗，加减乘除还在掰手指头，就整天奢谈发明创造，在他们手里，让地球翻调个头，好像都易如反掌。

Ⅲ．重音、体、美，而轻数、理、化，无论是公立还是私立学校，音、体、美活动无不如火如荼，而数、理、化则乏人问津。

Ⅳ．课堂几乎处于失控状态，学生或挤眉弄眼，或谈天说地，或跷二郎腿，更有甚者，如逛街一般，在教室里摇来晃去。

最后，在结论部分，是这么写的：美国的初级教育已经病入膏肓，可以这么预言，再过20年时间，中国的科技和文化必将赶上和超过这个所谓的超级大国。

在同一年，作为互访，美国也派了一个考察团来到中国。他们在看了北京、上海、西安的几所学校后，也写了一份报告，在见闻录部分也有四段文字：

Ⅰ．中国的小学生在上课时喜欢把手放在胸前，除非老师发问时，举起右边的一只，否则不轻易改变；幼儿园的学生则喜欢把手背在后面，室外活动时除外。

Ⅱ．中国的学生喜欢早起，7点钟之前，在中国的大街上见到的最多的学生，并且他们喜欢边走路边用早点。

Ⅲ．中国学生有一种作业叫"家庭作业"，据一位中国老师解释，它的意思是"学校作业在家庭的延续"。

Ⅳ．中国把考试分数最高的学生称为学习最优秀的学生，他们在学期结束时，一般会得到一张证书，其他人则没有。

在报告的结论部分他们是这样写的：中国的学生是世界上最勤奋的，在世界上也是起得最早、睡得最晚的；他的学习成绩和世界上任何一个国家的同年级的学生比较，都是最好的。可以预测，再用20年时间，中国在科技和文化方面，必将把美国远远甩在后面。

20多年过去了，美国"病入膏肓的教育制度"共培养了几十位诺贝尔奖得者和100多位知识型的亿万富豪，而中国……两家的预言都错了。

3．小组讨论以下问题：

他们为什么都预言错了？错在哪里？你能用多元智力教育理念来透析、解析这种现象背后的实质和原因吗？

实质是：_____。

主要原因有：

（1）_____；

（2）_____；

（3）_____；

（4）_____。

4．全班交流，发言人代表小组发言。

5．教师小结。

课后作业

谈谈你心目中"好学生"的标准。

 **课外阅读**

1. ［美］琳达·坎贝尔等著，刘竑波等译：《多元智能与学生成就——六所学校的成功案例》，教育科学出版社2003年版。

2. 姚便芳编著：《评价的奥妙》，四川大学出版社2010年5月版。

课节3 师生关系

【学习目标】 到本课节学习结束，你将能够：

1. 了解师生关系的内涵；
2. 良好师生关系的特征；
3. 掌握建立良好师生关系的策略。

【预计时间】 90分钟。

【活动准备】

1. 小组成员角色分工：按照需要分成主持人、发言人、记录人、报告人、材料保管人、音量控制人等。
2. 大白纸、记号笔。

【活动概览】

活动1　意识唤醒：师生关系的内涵
活动2　案例分析：良好师生关系的特征
活动3　演说：建立良好师生关系的策略

 **活动1　意识唤醒：师生关系的内涵**

【活动目标】 了解师生关系的含义。

【活动说明】

1. 师生关系存在于学校的日常生活中，从学员的回忆切入到师生关系的含义，不仅让学员感受深切，更能让他们领悟师生关系的意义。
2. 教师在介绍师生关系时，应从学员交流的案例出发，剖析其中隐含的复杂师生关系。

【活动过程】

1. 教师导言：教师与学生是校园里永恒的话题，永远的"风景"。生活中，人与人之间彼此影响，形成多样的人际关系；校园里，师与生之间相互作用构成一定的师生关系。
2. 请回忆：在你的中小学时期，你与班主任老师或某位任课教师是怎样的一种关系？
3. 教师随机选择2~3名学员进行交流。
4. 根据学员的交流，教师介绍师生关系的含义。
5. 教师小结。

活动2 案例分析：良好师生关系的特征

【活动目标】 理解良好师生关系的基本特征。

【活动说明】

1. 良好师生关系的特征有多种，但最主要的特征是什么呢？通过对典型案例的分析，让学员进行归纳总结，有利于学员理解，发挥学员的自主性。

2. 教师小结时，应集中学员的共同观点，强调主要特征。

【活动过程】

1. 教师导言：师生关系既是双方精神世界的相互作用，也是双方知识、思想的传达。在这种师生关系中，学生可以既作为人，又作为学习者积极地参与教学活动，也能在与教师的相互尊重、合作、信任中全面发展自己，获得成就与价值体验，并感受到人格的自主和尊严，从而真正表现出自身的主体行为特征。这就是良好的师生关系，请学员通过案例分析，说明良好师生关系的主要特征。

2. 学员阅读下面的案例。

想起伍老师

那是我刚升入小学五年级。开学时，我们班换了一位男班主任——伍老师。从小学一年级到四年级，我们所有的任课老师都是女性，第一次有男老师给我们代课，我心里既有些紧张，又有些莫名其妙的冲动。

伍老师站在讲台上，环顾教室之后，用他富有磁性的浑厚男中音说："同学们，努力用功啊，今后我们将一起学习。"

听到这句话，我的心不禁为之一跳。因为以前的老师新学期的开场白，大多是"这学期我担任你们的班主任"，"这学期我带你们××课"之类，老师们总是强调"我"和"你们"，让人听了就觉得老师和学生天生是两个不同层次的人，让人无形中有一种距离和隔膜。伍老师可不同呢，"努力用功啊，我们将一起学习"，只此一句，就拉近了我们和他的距离。因为，老师原本就是高高在上教学生的，伍老师却谦虚地说和我们一起学习，那就是说师生平等，也就是说我们可以把他当成朋友，多让人感到亲切和温暖哟。

放学的时候，伍老师要我们一一和他握手道别。这是我第一次握老师的手，那一瞬间，我从伍老师的手中感到了无穷的信任、热情和力量。因为对于小孩子来说，握手是大人们的一种礼节，那也就是说，伍老师不仅把我们学生平等对待，而且也把我们看成已长大成人。

我不知道伍老师的这一句话和这一个动作是精心设计的，还是无意而为之，但敏感的我却强烈地从中体会到了平等、热情，也增添了学习和生活的力量。

（资料来源：成尚荣主编：《阳光下的塑造》，江苏教育出版社2003年版，第23~24页。）

3. 小组讨论交流，根据以上案例分析良好师生关系的特征，并写在大白纸上。

4. 全班交流，小组发言人代表小组发言。

5. 教师小结。

活动3 演说：建立良好师生关系的策略

【活动目标】 掌握建立良好师生关系的策略。

【活动说明】

1. 建立良好的师生关系有多种策略，让师范生以演说的方式提出自己的观点，既能唤起他们的主体意识，又能为他们以后的从教奠定良好基础。

2. 在小组演说前，教师应说明演说的基本要求，培养学员的语言表达能力。

【活动过程】

1. 教师导言：师生关系总是建立在一定社会背景之中的，与师生双方密切相关，受多种因素制约。但就教育内部而言，建立良好的师生关系要靠双方共同努力。教师在建立师生关系中占有重要地位，起着主导作用。因此，教师应重视建立良好师生关系的策略。

2. 请同学们以"假如我是一名教师，我会这样建立良好的师生关系"为题，演说自己的观点。

3. 小组交流，每个同学都要发表自己的观点；并推选出一位同学在全班进行演说。

4. 每小组推选出的一位交流者在全班演说。

5. 教师小结。

课后作业

请整理自己在课堂上的演说内容，形成一篇"建立良好师生关系的策略"的文章，字数500~800字。

课外阅读

请阅读以下关于"课程"的资料，并写出自己对"课程"概念的理解，字数200字左右。

资料一：词源学上的课程概念

在中国，课程一词最早出现于唐朝。唐朝孔颖达在《五经正义》里为《诗经·小雅·巧言》中的"奕奕寝庙，君子作之"一句注疏："维护课程，必君子监之，乃依法制。"据考证，这是课程一词在汉语文献中的最早记载。《诗经》里的"奕奕寝庙，君子作之"，直译为"好大的殿堂，由君子主持建成"，喻义为"伟大的事业，乃有德者维持"。孔颖达用"课程"一词注"寝庙"及其喻义"伟业"，可见课程的涵义必然十分丰富，远远超出了学校教育的范围。宋朝朱熹在《朱子全书·论学》中频频提及"课程"，如"宽着期限，紧着课程"、"小立课程，大作功夫"等。朱熹的"课程"主要指功课及其进程，这与今天日常语言中"课程"的意义已极为相近。

在西方，英国著名哲学家、教育家斯宾塞（H. Spencer）在1859年发表的一篇著名文章《什么知识最有价值》中最早提出"curriculum"（课程）一词，意指"教学内容的系统组织"。该词源于拉丁语"currere","currere"是一动词,意为"跑"。"curriculum"则是名词,意为"跑道"(race-course)。根据这个词源,西方最常见的课程定义是"学习的进程"(course of study),简称"学程"。由于斯宾塞所使用的"curriculum"一词原意是静态的跑道,它在教育中过多强调了课程作为静态的、外在于学习者的"组织起来的教育内容"的含义,相对地忽略了学习者与教育者动态的经验和体验层面的含义,因此,在当代的课程理论文献中,许多课程学者对"curriculum"的词源"currere"表现出了浓厚的兴趣,因为"currere"原意指"跑的过程与经历",它可以把课程的涵义表征为学生与教师在教育过程中的活生生的经验和体验。

资料二:课程即学科

《中国大百科全书·教育》中的课程定义是这样的:课程是指所有学科(教学科目)的总和,或学生在教师指导下各种活动的总和,这通常被称为广义的课程;狭义的课程则是指一门学科或一类活动。这是较早的、影响深远也比较传统的观点,斯宾塞的"什么知识最有价值,一致的答案就是科学"是其哲学基础,美国著名教育哲学家、课程论专家费尼克斯也说:"一切的课程内容应当从学术(学问)中引申出来。或者换言之,唯有学术(学问)中所包含的知识才是课程的适当内容。"这一概念在我国具有广泛的认可度,也是我国最"经典"的课程观。课程即学科也是学科课程的理论依据。

课程即学科的内在要义是:

课程是外在于学生的知识或知识系统,是客观存在的。

课程是课程标准(课程计划、课程大纲)、教科书等看得见、摸得着的客观存在物。

课程体系是按相应学科的科学逻辑顺序组织起来的。

课程是社会选择和社会意志的体现。

课程是既定的、先验的、静态的。

课程是外在于学习者的,是凌驾于学生之上的。

资料三:课程即目标或计划

这种课程定义把课程视为教学过程要达到的目标、教学的预先计划或教学的预期结果。如课程论专家塔巴(H. Taba)认为课程是"学习的计划",奥利瓦(Oliva)认为课程是"一组行为目标",约翰逊(M. Johnson)则认为课程是"一系列有组织的、有意识的学习结果",等等。

课程即目标或计划的内在要义是:

课程是人们设计的以反映社会期望儿童达到的目标,是主观设定的。

课程是联结社会外在要求和儿童内在发展的中介物。

课程是由课程标准、教学计划、教学过程、学习结果等一系列要素共同构成的。

课程是社会选择、社会意志和儿童发展的共同体现。

课程既是外在于学习者的目标,也是学生学习结果的展现。

课程是既定的,也是动态的。

资料四：课程即经验或体验

这种课程定义把课程视为学生在教师指导下所获得的经验或体验，以及学生自发获得的经验或体验，认为"只有那些真正为学生经历、理解和接受了的东西，才称得上是课程"，于是产生了"经验课程"，并认为课程就是学习者本身获得的某种性质或形态的经验，这是由著名哲学家、教育家杜威最先提出的，也是对我国现行课程观影响最大的课程思想。受杜威的影响，现在许多人也持同样的观点。如：

美国著名课程论专家卡斯威尔（H. L. Caswell）和坎贝尔（D. S. Campbell）认为："课程是儿童在教师指导下所获得的一切经验。"

另一著名课程论专家弗谢伊（A. W. Foshay）认为："课程是学习者在学校指导下的一切经验。"

现代课程论之父 R. 泰勒提出了"学习经验"并认为："学习经验是指学习者与他对作出反应的环境中的外部条件之间的相互作用。学习是通过学生的主动行为而发生的，学生的学习取决于他自己做了些什么，而不是教师做了些什么。"

蔡斯也指出："把课程设想为有计划的学习经验，在今天的课程专家中是一种普通特有的概念。"

现代的课程理论就非常强调学生在学校和社会情境中自发获得的经验或体验的重要性。

课程即经验或体验是经验课程或儿童中心课程的理论依据。

课程即经验的内在要义是：

课程应该从学习者的角度出发进行设计，儿童是课程的中心。

课程是与学习者个人经验相联系的、相结合的，儿童获得的经验是课程的根本。

课程强调学习者作为学习主体的角色，强调学习者的全面参与。

经验课程跳出了认知的范畴，由活动和过程取代了学科课程的知识。

课程是学生习得的结果，是融于或经过儿童经验或体验的结果。

课程是儿童自我选择的结果。

资料五：课程即活动

我国学者冯晓霞认为：将课程理解为学科教材，教师容易把握，但也容易导致"见物不见人"的倾向；把课程理解为学习经验，有利于解决"教育中无儿童"的问题，但教师又感到迷茫，不知如何操作。我们认为，走出这种两难困境的唯一办法是：改变传统的非此即彼——要么是主观学习经验，要么是客观学习教材的思维方式，将视角转向二者的交合处——活动，从活动的角度看待和解释课程。

课程即活动的内在要义是：

课程是受教育者各种自主性活动的总和。

学习者是课程的主体，以及作为主体的能动性。

教育应以学习者的兴趣、需要、能力、经验为中介实施课程。

强调活动的完整性，突出课程的综合性和整体性。

强调活动是人心理发展的基础，重视学习活动的水平、结构和方式。

资料六：课程即会话

在"制度课程"（institutional curriculum）①的视野中，课程是分门别类的"学校材料"，课程研究即是寻找开发这些"学校材料"的有效的程序的过程。当走出了"制度课程"的视野，把课程理解为每一个人、不同阶层、不同种族活生生体验到的存在的时候，课程具有了全新的含义，它不再只是一堆材料，而嬗变为一种"符号表征"，一种可以基于多元主义价值观解读的"文本"（text），通过这种"解读"可以获得多元课程"话语"（discourse），多元课程"话语"可以展开复杂的"会话"（conversation），在复杂"会话"中寻找课程理解的共同基础。

作为"理解课程"的创立人，威廉F.派纳写道："以前你可能以为课程是学区办公室要求你教的，或者州教育部在范围与序列指导书中发布的，如果你尚未执教的话，课程是你要读的一系列的书籍。现在你知道课程尽管包括这些文字的与制度的意义，但绝不局限于此。现在你知道课程是一个高度符号性的（symbolic）概念，它是老一代人选择性地告诉年青一代的内容。如此理解，课程具有强烈的历史性、政治性、种族性、性别性、现象性、自传性、美学性、神学性与国际性。课程成为一代人努力界定自我与世界的场所。"②

因为课程是一个"高度符号性的概念"，它就允许人们基于不同的视域来理解，课程理解是有差异的，承认课程理解的差异是"会话"的前提。"课程是非常复杂的会话。课程作为制度文本是会话正规的与抽象的侧面，而会话一词则表示开放的、高度个人化的以及受兴趣驱动的人们在其中际遇的事件。现在课程如此正规化，脱离了日常意义上的会话，深刻地表现出课程的制度化与科层化。不是运用他人的会话来丰富自己的会话，我们'教'学生去参加他人的——如教科书作者的——会话，利用他人的词汇服务于他人的目的。这种社会异化是把课程视为学术科目的不可避免的结果，这些学科在过去的100年里得到高度的制度化与科层化。过去的20年里美国课程领域试图将课程从官僚的手中'夺回来'，促使课程领域自身成为一种会话从而对理解课程作出努力。我们邀请你参与到这一会话之中。"③

在开放的、个性化的"复杂会话"中，课程的意义开始显现：学校课程的宗旨不在于促使我们成为学术科目的专家；学校课程的宗旨不在于培养能在测验中取得高分。学校课程的宗旨在于促使我们关切自己与他人，帮助我们在公共领域成为致力于建设民主社会的公民，在私人领域成为对他人负责的个体，运用智力、敏感与勇气思考与行动。一旦我们将课程的宗旨从服务于他人的制度的、经济的与政治的目的转移出来，一旦我们把它"夺了回来"，我们就要将课程作为历史性事件予以探索。一旦我们视课程为自己作为公民、作为个人的机会，课程便随我们的反思，探究与行动而变化，走向我们理念与梦想的实现课程不再是一个事物，也不仅是一个过程。它成为一个动词，一种行动，一种社会实践，一种私人的意义，一种公共的希望。课程不只是我们劳作的场所，也是我们劳作的成果，在转变我们的

---

① 在威廉F.派纳的"理解课程"，课程可以被理解为历史文本、政治文本、种族文本、性别文本、现象学文本、后现代文本、自传/传记文本、美学文本、神学文本、制度文本、国际文本等，这也是下文的"多元主义"所体现的视角，其中"制度课程"是对课程作为制度文本的理解，它主要关注或讨论课程开发、课程实施、技术、监督、课程评价等问题。
② 威廉F.派纳著，张华等译：《理解课程》，教育科学出版社2003年第1版，第867~868页。
③ 威廉F.派纳著，张华等译：《理解课程》，教育科学出版社2003年第1版，第868页。

同时也转变自身。

"复杂的会话"既是过程，又是结果；既是手段，又是目的。认同"课程作为复杂的会话"是理解课程的前提。

我对"课程"的理解：_____
_____
_____
_____
_____。

单元四

理 解 课 程

★ **本单元概述及学习要点：**

课程是"一种专门组织的理论性和实践性学习的计划，必须成功地完成这样的计划才能实现特定的教育目标，并相应地达到特定的知识水平，获得特定的职业资格。"① 它是作为实现学校教育目标的手段而存在的，反映学校教育的计划及其展开过程。因此，它在学校教育中占据着核心位置。作为一名教师，了解和熟悉学校课程的意义、课程的结构组织、我国现行的课程标准、当前课程资源开发的状况和课程资源开发的途径等是非常重要的。

学习要点

☐ 理解课程的意义
☐ 了解课程结构的含义和我国义务教育的课程结构
☐ 理解课程标准的内涵，掌握我国基础教育的课程标准
☐ 了解课程资源

课节1　课程意义

【学习目标】　到本课节学习结束，你将能够：
1. 掌握课程的基本含义；
2. 了解课程内涵的发展趋势；
3. 理解课程目标及其价值取向；

---

① 联合国教科文组织《职业技术教育术语》（修订版），1984年版。

4. 了解我国当前义务教育的课程改革及课程目标。

【预计时间】 135分钟。

【活动准备】

1. 划分学习小组并分工，按照需要分成主持人、发言人、记录人、报告人、音量控制人等。

2. 大白纸、记号笔。

【活动概览】

活动1　学习共享：课程是什么？
活动2　小讲座：课程内涵的发展趋势
活动3　讨论比较：课程目标及其价值取向
活动4　分析交流：我国基础教育的课程目标

活动1　学习共享：课程是什么？

【活动目标】　掌握课程的基本含义。

【活动说明】

1. 做活动前教师应确保学员已完成了课外阅读的任务，而且落实好每个小组的发言人。
2. 组内其他成员可以对本组发言内容进行补充。
3. 教师小结时，应重点强调课程含义中的关键词语。

【活动过程】

1. 小组交流："我对'课程'的理解"。每人限时2~3分钟。记录人记录发言人的主要观点。
2. 全班交流：小组发言人陈述本组观点。
3. 教师小结。

活动2　小讲座：课程内涵的发展趋势

【活动目标】　了解课程内涵的发展趋势，树立科学的课程意识与课程观。

【活动说明】

1. 教师以小讲座的形式，简要阐释课程内涵的发展趋势，有助于学员确立崭新的课程意识和科学的课程观。
2. 在教师讲解过程中，学员可以发表自己的见解。

【活动过程】

1. 教师介绍课程内涵发展的趋势。
2. 教师小结。

活动3　讨论比较：课程目标及其价值取向

【活动目标】　理解课程目标的价值取向。

【活动说明】

1. 通过小组讨论比较，加深学员对课程目标价值取向的理解。
2. 活动重心是"讨论比较：三种价值取向的优劣"，教师应注意合理分配时间。

【活动过程】

1. 教师介绍课程目标的含义，课程目标与教育目的、培养目标、教学目标之间的关系。
2. 学员阅读下面材料并思考问题。

材料一：

不论我们选教什么学科，务必使学生理解该学科的基本结构。这是在运用知识方面的最低要求，这样才有助于学生解决在课堂外所遇到的问题和事件，或者日后课堂训练中所遇到的问题……如果本章介绍的假设——任何学科可按照某种正确的形式教给任何儿童——是正确的，那么跟着而来的论点便是：课程建设应当围绕着社会公认为值得它的成员不断关心的那些重大的问题、原理和价值……

自然科学亦复如此。如果认为对于数目、测量和概率的理解在探索自然科学中具有决定性的作用，那么这些学科的教学就应该尽可能早开始并采用智育上正确的形式，而且应该同儿童的思想方式相符。

（资料来源：布鲁纳著，邵瑞珍译：《教育过程》，文化教育出版社1982年版，第31~32、65~66页。）

材料二：

为了说清楚旧教育的几个主要特点，我或许要说得夸张些：消极地对待儿童，机械地使儿童集合在一起，课程和教法的划一。概括地说，学校的重心是在儿童之外，在教师、在教科书以及在其他你所高兴的任何地方，唯独不在儿童自己直接的本能和活动之中。在那样的条件下，就说不上关于儿童的生活。也许可以谈一大套关于儿童的学习，但认为学校不是儿童生活的地方。现在，我们教育中将引起的改变是重心的转移。这是一种变革，这是一种革命，这是和哥白尼把天文学的中心从地球转到太阳一样的那种革命。这里，儿童变成了太阳，而教育的一切措施则围绕着他们转动，儿童是中心，教育的措施便围绕他们而组织起来。

（资料来源：杜威著，赵祥麟、王承绪编译："学校与社会"，《杜威教育论著选》，华东师范大学出版社1981年版，第31~32页。）

材料三：

在学校里，各门学科的每一门都被归到某一类去。各种事实是从它们在经验中原来的地位割裂出来，并根据一些一般原则，重新排列。把食物归了类，并不是儿童经验的事情；事物不是分门别类地呈现出来的。感情上的生动的联系和活动的联结，把儿童亲身的各种经验综合在一起。成人的心理如此习惯于按逻辑顺序组成的事实，以致它不认识——它也不能理解——那种直接经验的事实，在它们能表现为一门"学科"或知识的一个部门之前，必须经历多少的分析和重新组合。对于学者来说，一个原则必须加以识别和明确；各种事实必须根据这个原则，而不按照它原来那样加以解释。它们必须在一个完全抽象的和理想的新的中心重新汇集起来。所有这一切，意味着一种特殊的、智慧的、兴趣的发展。它意味着不偏不倚地和客观地观察事实的能力,那就是不问这些事实在儿童自己的经验中的地位和意义怎样;它意味着分析和综合的能力;它意味着高度成熟的智慧的习惯和科学研究的特定的技术和设备的运用。一句话,已经归了类的各门科目,是许多年代的科学的产物,而不是儿童经验的产物。

　　学习是主动的,它包含着心理的积极开展,它包括着从心理内部开始的有机的同化作用。毫不夸张地说,我们必须站在儿童的立场上,并且以儿童为自己的出发点。决定学习的质和量的是儿童而不是教材……因此,就需要把各门学科的教材或知识部分恢复到原来的经验。它必须恢复到它所被抽象出来的原来的经验。它必须心理化;反过来,变成直接的和个人的体验,在其中有着它的原状和意义。

（资料来源：杜威著,赵祥麟、王承绪编译:"儿童与课程",《杜威教育论著选》,华东师范大学出版社1981年版,第77~89页。）

材料四：

　　博比特主张课程应该关心现实世界中那些有意义的社会活动和社会问题,教育主要是为了成人生活,而非为了儿童。学校中的儿童生活只是手段,未来社会中成功的成人生活才是目的。那么,学校课程应以理想的成人生活为目的来组织,而理想的成人生活归根到底是由社会决定的。

　　康茨是改造主义教育的主要代表人物,他认为社会必须全面重组以达到共同的利益,学校应该在社会的重组中扮演积极的角色,课程需要担负改造社会的责任。布拉梅尔德也认为现代文化存在危机,教育应促进新文化的出现,应成为一种制定明确而严密的社会计划的主要手段。课程需本着改造社会的目的,成为培养社会现实的熟练规划者和完善民主社会的重要工具。

（资料来源：钟启泉、汪霞、王文静编著：《课程与教学论》,华东师范大学出版社2008年版,第136~137页。有改动。）

（1）材料一反映了课程目标的什么价值取向？

_____。

（2）材料二、材料三反映了课程目标的什么价值取向？

_____。

（3）材料四反映了课程目标的什么价值取向？

_____。

3. 小组讨论比较：三种价值取向的优劣。记录人将小组讨论比较的结果填在下表中。

价值取向	材料一	材料二、材料三	材料四
优点			
不足			

4. 全班交流：小组发言人陈述本组观点。

5. 教师点评每个学习小组的讨论结果。

 **活动4　分析交流：我国基础教育的课程目标**

【活动目标】 了解我国基础教育课程目标变化的历史。

【活动说明】

本活动设计为分析交流的活动形式，目的是为了让学员在教师简要介绍我国课程目标调整的基础上，进一步明确新课程的三维目标体系。

【活动过程】

1. 教师导言：启动于2001年的我国基础教育新一轮课程改革，已对课程目标进行了重大调整。在这新一轮的课程改革中，"课程标准"替代了原来的"教学大纲"，这不只是语词本身的改变，而是语词所指称的涵义以及语词背后所隐藏的观念发生了实质性的变化。这种实质性的转变在课程目标上尤为明显。

通过对"课程标准"和"教学大纲"的比较，可以发现："教学大纲"强调以知识为中心，而"课程标准"突出的是学生在"知识与技能"、"过程与方法""情感、态度、价值观"三个领域的协调发展；"教学大纲"追求的是获得知识的多少，学习的结果是其关注的焦点所在，是一种结果性目标，而"课程标准"更多地注重学习的过程，强调学习过程本身的价值，它更多的是一种过程性目标。课程目标从"一个中心"到"三位一体"，从结果性目标到过程性目标，应该说，这是新一轮基础教育课程改革的重大突破。这一实质性的转变，既是时代发展的必然要求，也是改革教育现实的应然选择。

2. 学员阅读下面材料并思考问题。

全日制义务教育历史课程标准中的课程目标

一、知识与能力

掌握基本的历史知识，包括重要的历史人物、历史事件和历史现象，以及重要的历史概念和历史发展的基本线索。

在掌握基本历史知识的过程中，逐步形成正确的历史时空概念，掌握正确计算历史年代、识别和使用历史图表等基本技能，初步具备阅读、理解和通过多种途径获取并处理历史信息的能力，形成用口头和书面语言以及图表等形式陈述历史问题的表达能力。

形成丰富的历史想象力和知识迁移能力，逐步了解一定的归纳、分析和判断的逻辑方法，初步形成在独立思考的基础上得出结论的能力；初步了解人类社会是从低级向高级不断发展的、历史发展是有规律的等科学的历史观，学习客观地认识和评价历史人物、历史事件和历史现象。

二、过程与方法

历史学习是一个从感知历史到积累历史知识、从积累历史知识到理解历史的过程。通过课堂学习和课后活动，逐步感知人类在文明演进中的艰辛历程和巨大成就，逐步积累客观、真实的历史知识;通过搜集资料、构建论据和独立思考,能够对历史现象进行初步的归纳、比较和概括,产生对人类历史的认同感,加深对人类历史发展进程的理解,并作出自己的解释。

注重探究式学习,勇于从不同角度提出问题,学习解决历史问题的一些基本方法;乐于同他人合作,共同探讨问题,交流学习心得;积极参加各种社会实践活动,学习运用历史的眼光来分析历史与现实问题,培养对历史的理解力。

三、情感态度与价值观

逐渐了解中国国情,理解并热爱中华民族的优秀文化传统,形成对祖国历史与文化的认同感,初步树立对国家、民族的历史责任感和历史使命感,培养爱国主义情感,逐步确立为祖国的社会主义现代化建设、人类和平与进步事业做贡献的人生理想。

形成健全的人格和健康的审美情趣,确立积极进取的人生态度、坚强的意志和团结合作的精神,增强承受挫折、适应生存环境的能力,为树立正确的世界观、人生观和价值观打下良好的基础。

在了解科学技术给人类历史发展带来巨大物质进步的基础上,逐步形成崇尚科学精神的意识,确立求真、求实和创新的科学态度。

了解历史上专制与民主、人治与法治的演变过程,理解从专制到民主、从人治到法治是人类历史发展的必然趋势,不断强化民主与法制意识。

了解人类社会历史发展的多样性,理解和尊重世界各国、各地区、各民族的文化传统,学习汲取人类创造的优秀文明成果,逐步形成面向世界、面向未来的国际意识。

思考问题:全日制义务教育历史课程目标是从哪三个方面进行表述的?
① _____ ;② _____ ;③ _____ 。
3. 小组讨论:以上目标之间的关系。
它们的关系是:
_____
_____
_____。

4. 全班交流:小组发言人陈述本组观点。
5. 教师小结。

课后作业

"课程是学生的精神食粮,课程内容的质量直接影响乃至决定学生智力、品格、体质的发展"。试从这一观点出发,阐述课程的意义。

课外阅读

1. 布鲁纳著,邵瑞珍译:《教育过程》,文化教育出版社1982年版。
2. 赵祥麟、王承绪编译:《杜威教育论著选》,华东师范大学出版社1981年版。

3. 钟启泉、汪霞、王文静编著：《课程与教学论》，华东师范大学出版社 2008 年版。
4. 张华著：《课程与教学论》，上海教育出版社 2000 年版。

课节 2　课 程 结 构

【学习目标】　到本课节学习结束，你将能够：
1. 了解课程的层次与类型；
2. 掌握课程结构的实质与呈现方式；
3. 掌握我国现行课程结构的主要内容与特征；
4. 了解我国义务教育的课程结构。

【预计时间】　90 分钟。

【活动准备】
1. 小组成员分工：按需要分成主持人、发言人、记录人、报告人、音量控制人、材料保管人等。
2. 大白纸、记号笔。

【活动概览】
活动 1　小讲座：课程结构与类型
活动 2　讨论交流：我国现行课程结构的主要内容与特征
活动 3　讨论交流：义务教育课程结构

活动 1　小讲座：课程结构与类型

【活动目标】　使学员建立课程的立体概念。

【活动说明】
1. 由于本活动的内容理论性较强，建议用讲座的方式进行，但时间应控制在 20～25 分钟左右。
2. 活动应该专门安排一个环节来解答学员的疑问。在解答学员提问环节中注意抓住提问的共同点，分类回答，以节约时间。

【活动过程】
1. 教师导言：课程结构是指在学校课程的设计与开发过程中，将所有课程类型或具体科目组织在一起所形成的课程体系的结构形态。这种形态的形成以既定的课程目标和各类课程固有的价值为依据，以此所确立的课程结构明确了各种课程类型以及具体科目在课程体系中的地位差异和比例关系。它是课程目标转化为教育成果的纽带，是课程实施活动顺利开展的依据，在课程设计与编制中发挥着承上启下的作用。

从不同角度，可把课程分为不同的层次与类型。探究课程的层次与类型之间的内在联系，是确立理想的课程结构的基本前提。教师讲解课程的层次。
2. 学员对不明白的问题进行提问，教师解释。

3. 教师讲解课程的类型。
4. 学员对不明白的问题进行提问，教师解释。
5. 教师小结。

活动2　讨论交流：我国现行课程结构的主要内容与特征

【活动目标】　认识我国现行课程结构的主要内容与特征。
【活动说明】
1. 教师应该把本活动重点放在课程结构的教育理念的讨论上。
2. 可以适当引导学员思考小学、初中和高中课程衔接的问题。
【活动过程】
1. 教师导言：《基础教育课程改革纲要》（试行）第二部分对我国现行课程结构的主要内容作了明确的阐述。请学员阅读以下材料，并进行讨论。
2. 学员阅读下面材料。

（一）整体设置九年一贯的义务教育课程

小学阶段以综合课程为主。小学低年级开设品德与生活、语文、数学、体育、艺术（或音乐、美术）等课程；小学中高年级开设品德与社会、语文、数学、科学、外语、综合实践活动、体育、艺术（或音乐、美术）等课程。

初中阶段设置分科与综合相结合的课程，主要包括思想品德、语文、数学、外语、科学（或物理、化学、生物）、历史与社会（或历史、地理）、体育与健康、艺术（或音乐、美术）以及综合实践活动。积极倡导各地选择综合课程。学校应努力创造条件开设选修课程。在义务教育阶段的语文、艺术、美术课中要加强写字教学。

（二）高中以分科课程为主

为使学生在普遍达到基本要求的前提下实现有个性的发展，课程标准应有不同水平的要求，在开设必修课的同时，设置丰富多样的选修课程，开设技术类课程。积极试行学分制管理。

（三）从小学至高中设置综合实践活动

作为必修课程，其内容主要包括：信息技术教育、研究性学习、社区服务与社会实践以及劳动与技术教育。强调学生通过实践，增强探究和创新意识，学习科学研究的方法，发展综合运用知识的能力。增进学校与社会的密切联系，培养学生的社会责任感。在课程的实施过程中，加强信息技术教育，培养学生利用信息技术的意识和能力。了解必要的通用技术和职业分工，形成初步技术能力。

（四）农村中学课程

要为当地社会经济发展服务，在达到国家课程基本要求的同时，可根据现代农业发展和农村产业结构的调整因地制宜地设置符合当地需要的课程，深化"农科教相结合"和"三教统筹"等项改革，试行通过"绿色证书"教育及其他技术培训获得"双证"的做法。城市普通中学也要逐步开设职业技术课程。

3. 小组根据阅读材料讨论下面问题，并由记录人把小组讨论结果的关键词写在大白纸上。

（1）我国现行课程结构有哪些主要内容？

_____
_____
_____。

（2）我国现行课程结构有什么特点？

_____
_____
_____。

（3）我国现行课程结构体现了什么教育理念？

_____
_____
_____。

4. 全班交流：小组发言人借助写着关键词的大白纸与全体学员分享本小组观点。

5. 教师点评每个学习小组的讨论结果。

 **活动3　讨论交流：义务教育课程结构**

【活动目标】　了解义务教育的课程结构。

【活动说明】

1. 学员第一次接触课程设置表格，在阅读时需要教师引导。

2. 在引导学员阅读"说明"部分时，教师应该有意识地提供改革之前的课程结构方面的信息。

【活动过程】

1. 教师导言：《基础教育课程改革纲要》（试行）第三条明确规定："整体设置九年一贯的义务教育课程。"设置义务教育课程应体现义务教育的基本性质，遵循学生身心发展规律，适应社会进步、经济发展和科学基础发展的要求，为学生的全面发展和终身发展奠定基础。基于此，现行课程改革将义务教育作为一个整体，九年一贯地进行课程设置。实际上，这也正是基础教育课程结构的均衡性、综合性和选择性的体现。

2. 学员阅读下面的材料。

义务教育课程设置实验方案

（一）课程方案

义务教育课程设置实验方案于2001年颁布，并于同年开始实验（参见表4-1、4-2）。

表4-1　　　　　　　　　　　　义务教育课程设置表

年级	一	二	三	四	五	六	七	八	九
课程门类	语文									
	数学									
	外语									
	品德与生活			品德与社会				思想品德		
							历史与社会（或选择历史、地理）		
			科学				科学（或选择生物、物理、化学）		
	综合实践活动									
	体育						体育与健康			
	艺术（或选择音乐、美术）									
	地方与学校编制的课程									

表4-2　　　　　　　　　　　　义务教育课程设置及比例

	年级									九年课时总计（比例）
	一	二	三	四	五	六	七	八	九	
课程门类	品德与生活	品德与生活	品德与社会	品德与社会	品德与社会	品德与社会	思想品德	思想品德	思想品德	7%~9%
							历史与社会（或选择历史、地理)			3%~4%
			科学	科学	科学	科学	科学（或选择生物、物理、化学）			7%~9%
	语文	语文	语文	语文	语文	语文	语文	语文	语文	20%~22%
	数学	数学	数学	数学	数学	数学	数学	数学	数学	13%~15%
			外语	外语	外语	外语	外语	外语	外语	6%~8%
	体育	体育	体育	体育	体育	体育	体育与健康	体育与健康	体育与健康	10%~11%
	艺术（或选择音乐、美术）									9%~11%
	综合实践活动									16%~20%
	地方与学校课程									
周总课时（节）	26	26	30	30	30	30	34	34	34	274
学年总时（节）	910	910	1050	1050	1050	1050	1190	1190	1122	9522

（二）说明

（1）表4-2中所列每门课的课时比例有一定弹性幅度。

（2）九年总课时按每学年35周上课时间计算。机动时间2周，由学校视具体情况自行安排,如学校传统活动、文化节、运动会、远足等。复习考试时间2周,初中最后一年的第二学期毕业复习考试增加2周。寒暑假、国家法定节假日共13周。

(3) 科目设置说明。小学开设英语课程的起始年级一般为三年级。各省、自治区、直辖市教育行政部门可结合实际,确定本地区小学开设英语课程的工作目标和步骤。初中阶段开设外语课程的语种,可在英语、日语、俄语等语种中任选一种。外国语学校或其他有条件的学校可开设第二外语。民族地区的中小学校,外语课程的设置由省级教育行政部门决定。

体育课和体育与健康课,均应贯彻"健康第一"的原则。7~9年级可结合相关体育活动,使学生了解一些体育健康知识,但必须充分保证学生参加体育活动的时间。

小学阶段的课程以综合课程为主,初中阶段设综合或分科课程,供地方和学校自主选择。初中阶段的学校在选择分科与综合相结合的课程时,若选择科学、历史、地理,可相应减少自然地理的内容;若选择历史与社会、生物、物理、化学,则应安排自然地理的内容。

综合实践活动是国家规定的必修课,其具体内容由地方和学校根据教育部的有关要求自主开发或选用。综合实践活动的课时可与地方、学校自主使用的课时结合在一起使用,可以分散安排,也可以集中安排。为培养学生的创新精神和实践能力,各门课程普遍增加了实践活动,学校在做学年教学安排时,应根据活动的性质和内容,统筹合理安排。

(4) 晨会、班队会、科技文体活动等,由学校自主安排。

(5) 各门课程均应结合本学科特点,有机地进行思想道德教育。环境、健康、国防、安全等教育应渗透在相应的课程中。

(6) 省级教育行政部门可根据本省不同地区社会、经济、文化发展的实际情况,制订不同的课程计划;学年课时总数和周课时数应控制在国家所规定的范围内;根据教育部关于地方课程、学校课程管理与开发的指导意见,提出本省地方课程、学校课程管理与开发的具体要求,并报教育部备案。

(7) 民族学校、复式教学点、简易小学等学校的课程设置,由省级教育行政部门自主决定。

3. 小组根据阅读材料讨论下面问题,并由记录人把小组讨论结果的关键词写在大白纸上。

义务教育课程结构有哪些特点?
_____
_____
_____。

4. 全班交流:小组发言人借助写着关键词的大白纸与全体学员分享本小组观点。

5. 教师小结。

课后作业

1. 谈谈你对课程结构的理解,并把自己的想法写成300字左右的短文。

2. 小组搜寻、查阅《全日制义务教育语文课程标准》和《全日制义务教育数学课程标准》,或者其他学科的课程标准。

课外阅读

1. 黄甫全主编：《现代课程与教学论学程》，人民教育出版社 2006 年版。
2. 张华：《课程与教学论》，上海教育出版社 2000 年版。

课节3 课程标准

【学习目标】 到本课节学习结束，你将能够：
1. 理解课程标准的内涵。
2. 掌握我国国家课程标准的框架。
3. 掌握课程实施的价值取向与水平。
4. 掌握国家课程标准的意义。

【预计时间】 90 分钟。

【活动准备】
1. 小组成员分工：按需要分成主持人、发言人、记录人、报告人、音量控制人、材料保管人等。
2. 大白纸、记号笔。
3. 《全日制义务教育语文课程标准》、《全日制义务教育数学课程标准》等 10 本。

【活动概览】
活动1　阅读理解：课程标准的内涵
活动2　比较归纳：国家课程标准的框架
活动3　阅读理解：课程标准的意义

活动1　阅读理解：课程标准的内涵

【活动目标】 理解课程标准的内涵。
【活动说明】
将此活动设计为阅读理解，一方面是在教师简单介绍了课程标准的含义后，学生通过阅读材料加深理解；另一方面，通过阅读，分辨课程标准与教学大纲的区别。
【活动过程】
1. 教师导言：国家课程标准是教材编写、教学、评估和考试命题的依据，是国家管理和评价课程的基础。应体现国家对不同阶段的学生在知识与技能、过程与方法、情感态度与价值观等方面的基本要求，规定各门课程的性质、目标、内容框架，提出教学和评价建议。

从以上规定中可以看出，课程标准包括以下内涵：（1）它是按门类制定的；（2）它规定本门课程的性质、目标、内容框架；（3）它提出了指导性的教学原则和评价建议；（4）它不包括教学重点、难点、时间分配等具体内容；（5）它规定了不同阶段学生在知识与技能、过程与方法、情感态度与价值观等方面所应达到的基本要求。

2. 学员阅读下面材料，了解我国"课程标准"的发展历史。

在我国，"课程标准"并不是一个新的词汇。有论者认为：国内有关课程标准的历史可追溯到清朝末年。在"废科举，兴学校"的近代普及教育运动初期，清政府在颁布各级学堂章程中，就有《功课教法》或《学科制度及编制》章，列有课程门目表和课程分年表，这是"课程标准"的雏形。明确以"课程标准"作为教育指导性文件的是1912年南京国民政府教育部颁布的《普通教育暂行课程标准》，这是我国课程发展史上出现的第一个"课程标准"。此时的"课程标准"是按学段设计和颁布的，其内涵为：课程标准是确定一定学段的课程水平及课程结构的纲领性文件。课程标准（结构）一般包括课程标准总纲和各科标准两部分。前者是对一定学段的课程进行总纲设计的纲领性文件，规定各级学校的课程目标、学科设置、各年级各学科每周的教学时数、课外活动的要求时数以及团体活动的时数等；后者根据前者具体规定各科教学目标、教材纲要、教学要点、教学时数和编订教材的基本要求等。此后，教育界一直沿用"课程标准"这一词汇，直到1952年，在全面学习苏联的背景下，将课程标准总纲改为"课程计划"，各科课程标准改为"教学大纲"。20世纪90年代，在新一轮基础教育课程改革中，教育界重提"课程标准"，"课程标准"再一次进入人们的视野。1999年1月，国务院颁布《面向21世纪教育振兴行动计划》，该计划提出要在2000年初步形成现代化基础教育课程标准框架。"课程标准"以正式文件的形式再次载入史册。

在国外，有些国家使用"课程标准"，有些国家使用"教学大纲"，没有统一的说法，主要视各个国家的教育传统与理论背景而定。如最早使用"教学大纲"的德、法等国，现在还在沿用，只是这一词的内涵发生了很大变化：从原来的"教与学的内容纲要"到现在的"学生学习结果纲要"。

尽管我国目前还是使用"教学大纲"，但考虑到理论背景的转型、教育政策的变化、改革的推广与传播，以及教师理解与接受等多方面的原因，在新一轮基础教育课程改革中，有必要用"课程标准"一词来代替目前的"教学大纲"。新一轮基础教育课程改革中使用"课程标准"这一词时，其内涵发生了如下变化：

第一，课程标准主要是对学生在经过某一学段之后学习结果的行为描述，而不是对教学内容的具体规定（大纲或教科书）。

第二，课程标准是国家制定的某一学段的共同的、统一的基本要求，而不是最高要求。

第三，课程标准对学生学习行为的描述应尽可能是可理解的、可达到的、可评估的，而不是模糊不清的、可望而不可及的。

第四，课程标准隐含着教师不是教科书的执行者，而是教学方案的开发者，即教师是"用教科书，而不是教教科书"。

第五，课程标准的范围应该涉及作为一个完整个体发展的三个领域：认知、情感与动作技能，而不仅仅是知识方面的要求。

（资料来源：吕世虎、刘玉莲主编：《新课程与教学研究》，首都师范大学出版社2003年版，第50~52页。）

3. 教师小结。

活动2　比较归纳：国家课程标准的框架

【活动目标】　掌握国家课程标准的框架。

【活动说明】　建立在比较基础上的归纳，不仅可以使学员加深印象，而且让学员学会了一种研究问题的方法。

【活动过程】

1. 教师导言：国家课程标准的总体框架是怎样的呢？请同学们根据小组搜寻、查阅到的《全日制义务教育语文课程标准》和《全日制义务教育数学课程标准》进行比较。

2. 小组讨论比较，并归纳出基本内容。

国家课程标准的总体框架主要包括以下内容：

第一部分：＿＿＿＿＿＿＿＿＿＿＿＿＿＿；

第二部分：＿＿＿＿＿＿＿＿＿＿＿＿＿＿；

第三部分：＿＿＿＿＿＿＿＿＿＿＿＿＿＿；

第四部分：＿＿＿＿＿＿＿＿＿＿＿＿＿＿；

第五部分：＿＿＿＿＿＿＿＿＿＿＿＿＿＿。

3. 教师随机选择一个小组进行交流。

4. 在教师的引导下，小组交流每一部分的主要内容。

5. 教师小结。

活动3　阅读理解：课程标准的意义

【活动目标】　了解课程标准的意义。

【活动说明】　通过阅读理解，加深学员对课程标准意义的理解。

【活动过程】

1. 教师导言：国家课程标准既是国家对基础教育课程的基本规范和要求，也是评价学校、教师、学生的一个重要依据。那么，课程标准的意义何在呢？请学员阅读以下材料，理解课程标准的重要性。

2. 学员阅读以下材料。

课程标准的意义

一、它标志着全面推进与具体落实素质教育成为现实

素质教育是我国基础教育的理想。多年来，尽管一些学校创造了课程革新与教学创新的经验，但是中小学的教育现实没有得到根本性的改变。因为实施素质教育是一个系统的工程，而课程标准的制定就是这一系统工程中最为关键的一个环节。如果没有这一环节，素质教育将会变成一句口号，一个没有现实意义的概念。新课程高举素质教育大旗，课程标准就是素质教育在相应阶段的质量标准，义务教育阶段的课程标准充分体现了公民素养教育，如《化学课程标准》明确指出：义务教育阶段的化学课程以提高学生的科学素养为主旨，激发学生学习化学的兴趣,帮助学生了解科学探究的基本过程和方法,培养学生的科学探究能力,使学生获得进一步学习和发展所需要的化学基础知识和基本技能;引导学生认识化学在促进社会发展和提高人类生活质量方面的重要作用,通过化学学习培养学生的合作精神和社会责任感,提高未来公民适应现代社会的能力。

二、它标志着我国义务教育阶段有了明确的质量标准

新中国成立以来,我国一直沿用苏联的教育概念体系,即教学计划、教学大纲与教科书,这比较适合计划教育模式。随着社会的发展,人们对教育的质量越来越关注,需求越来越多元,义务教育既要体现国家意志,又要满足学生的发展需要,于是,国家课程标准应运而生。从主要关注内容的"教学大纲",走向关注结果的"课程标准",这一转变标志着我国义务教育阶段有了科学的质量标准。这种标准不仅包括学生的学术质量,还包括学生的生活质量、发展质量,以及教材编写、教师教学、课程评价与管理方面的质量。如《化学课程标准》在内容标准和教学要求部分就规定了知识、技能、观念等目标100条,活动与探究建议66条,学习情景素材建议(联系学生生活实际和科学、技术、社会发展、科学史实等)58条。除此之外,还有课程实施建议部分。

三、它标志着教材真正走向多元化有了可能

教材多元化是世界各国教程发展的趋势,然而,多元化不是简单的多本化,而是在一定的标准和框架内的各有特色的多本化。我国在第七轮课程改革中教材多元化已经走出了第一步,但是由于没有统一的标准与明确的框架,因而导致简单的、重复的多本化,没有达到预想的结果。课程标准确定了统一的质量标准,而不仅仅是内容标准,同时以学段代替以前按学期或学年编制的教学大纲,为教材编写者预留了一定的课程发展空间,这就是为教材的真正的多元化发展提供了可能,也使编写有特色的教材成为可能。如:1~2年级,认识常用汉字1600~1800个;课外阅读总量不少于5万字;7~9年级认识常用汉字3500个,课外阅读总量不少于260万字(《语文课程标准》)。5~6年级(水平三),到达该水平目标时,学生将能够初步掌握多项球类运动中的多种动作技能;初步掌握一两套徒手体操或轻机械体操;初步掌握一套舞蹈或韵律活动动作(《体育课程标准》)。

四、它标志着教学方式的革新有了标准

教学行为与教学方式的变革是新课程追求的目标之一。课程标准结合本学科的特点,根据结果性、体验性与表现性目标的要求,极力倡导教师革新自己的教学行为,在标准规定的框架内,大胆尝试,不断创新,使学生主动参与、亲身实践、独立思考,合作探究,从而实现学生学习方式的变革,改变单一的记忆、接受、模仿的被动学习方式,发展学生搜集和处理信息的能力、获取知识的能力、分析和解决问题的能力,以及交流与合作的能力。如:

组织学生拟订调查提纲,对经历过"大跃进"、"文革"的长辈进行访谈,并在课堂上交流、讨论,认识这段历史的原因及危害。(《历史与社会课程标准》)

组织学生观看《林则徐》、《鸦片战争》、《甲午风云》等影片,感受中国人民反抗侵略的斗争精神,并运用所学历史知识说明影片的历史背景,讲述历史故事。(《历史课程标准》)

组织学生通过各种途径调查、搜集生物圈的相关资料，模拟召开"国际生物圈"研讨会，结合本地实际讨论如何保护生物圈。（《生物课程标准》）

分组调查一个民族不同地区的艺术，并将艺术形式与该地区的建筑、服饰、方言等结合起来，全班分享调查结果。（《艺术课程标准》）

五、它标志着教书专业自主权的确立有了保证

教师专业化的一个重要标志是教师的专业自主权。由于我国没有明确的质量标准，教师只能围着教材转，主要工作就是把专家编写的教材所规定的内容教完，或者说让学生学会教材中的内容，专业自主权既没办法体现，也没办法保证。由于不是以学生为主体，教师往往习惯于"熟能生巧"，主要靠重复训练，由于训练过多，其结果也有可能是"熟能生厌"、"熟能生烦"。课程标准按学段设计基本要求没有规定达到这种要求的手段，这给教材编写者保留了空间，也给教师的教学创新提供了可能。教师完全可以根据现场资源、学生经验、自身优势对教材进行再开发，设计适应性的方案，进行创意性的教学。如《语文课程标准》规定：1～2年级，认识常用汉字1600～1800个。语文教师就可以根据自己的优势来进行教学；擅长分散识字的教师，采用分散识字的教材，进行分散识字的教学；而擅长集中识字的教师，就可以采用集中识字的教材，进行集中识字的教学，只要2年级结束时学生的常用识字量达到1600～1800个就行了。一句话，"怎样教"是教师的专业自主权。

六、它标志着减轻学生心理负担有了希望

由于国家课程标准是面向全体学生的统一的基本要求，是人人都能达到的，因此，它是减轻学生心理负担的重要举措。学生再也不用按照最高要求或全班的最高分来评价自己，再也不用按100分的绝对评价衡量自己，而是采用相对的、多元的评价来要求自己。只要学生达到了统一的基本要求，他就是成功的、快乐的。不仅如此，每一个学生都能找到自己成功的独特一面，或数理的、语言的、或音乐、社会的，无疑，这肯定会减轻学生的心理负担和学习压力。课程标准提供了多种评价方法的建议，如：成长记录与分析；测验与考试；答辩；作业（长周期作业、短周期作业）；集体评议等。特别值得一提的是，其中"成长记录与分析"提倡学生不断反思并记录自己的学习历程：最好的作业、最满意的作品、最感兴趣的一本课外书、最难忘的一次讨论……通过记录并反思学生的成长历程，激发学生的学习兴趣和自信心，发展学生的自我意识，为全面而客观地评价学生积累素材。同时，课程标准提倡建立和谐、民主、平等的师生关系，改善学生的心理环境，使得学习在一种放松的、友好的、快乐的氛围中进行。这样学生的心理负担就会减轻，生活质量就会提高。

（资料来源：钟启泉、崔允漷主编：《新课程的理念与创新——师范生读本》，高等教育出版社2003年版，第77～80页。）

3. 教师小结。

课后作业

"课程是学生的精神食粮，课程内容的质量直接影响乃至决定着学生智力、品格、体质的发展。"试从这一基本观点出发，阐述课程及其课程改革对学生发展的重大意义。

课外阅读

1. 钟启泉、崔允漷主编:《新课程的理念与创新——师范生读本》,高等教育出版社2003年版。

2. 吕世虎、刘玉莲主编:《新课程与教学研究》,首都师范大学出版社2003年版。

3. 黄甫全主编:《现代课程与教学论学程》,人民教育出版社2006年版。

课节4 课程资源

【学习目标】 到本课节学习结束,你将能够:
1. 掌握课程资源的特点与分类;
2. 掌握课程资源开发的原则与途径;
3. 了解我国校本课程资源开发与利用的现状,树立正确的校本课程资源开发与利用的观念。

【预计时间】 90分钟。

【活动准备】

1. 学员分成若干学习小组,小组成员的角色分工:按照需要分成主持人、发言人、记录人、报告人、材料搜集和保管人、音量控制人等。

2. 每小组自行准备大白纸及记号笔。

【活动概览】

活动1 小讲座:课程资源的特点与分类
活动2 阅读讨论:课程资源的开发与利用
活动3 对话交流:校本课程资源的开发

活动1 小讲座:课程资源的特点与分类

【活动目标】 了解课程资源的含义;掌握课程资源的特点与分类。

【活动说明】 教师讲解课程资源的定义、特点和分类;学员可以表达自己的观点。

【活动过程】

1. 教师导言:课程资源,涵括性较强,既包括课本(教科书)、教材、教学材料和课程材料,也包括可以用于课程与教学活动的其他潜在资源。

2. 教师讲座:课程资源的定义、特点和分类。

3. 教师小结。

 **活动2　阅读讨论：课程资源的开发与利用**

【活动目标】　掌握课程资源开发与利用的原则与途径。
【活动说明】
1. 可根据教学安排，组织学员到小学去了解课程资源开发与利用存在的问题。
2. 活动内容较多，教师注意安排时间。
【活动过程】
1. 教师简单回顾上个活动的内容，引出课程资源开发与利用的主题。
2. 学员阅读下面的材料。

与纸质印刷时代的要求相适应，教材一直是我国学校教育的主要课程资源，以致于人们常常误以为教材就是唯一的课程资源，一提到开发和利用课程资源，就想到订购教材，或者编写教材，甚至进口国外教材。

的确，教材（主要是教科书）直到现在依然是最重要的课程资源，而且倡导开发和利用课程资源，并不是主张彻底不要教科书，也绝不是否认教科书的重要性和严肃性。但从课程资源以及时代发展的要求来看，教材不但不是唯一的课程资源，而且其作用呈相对下降的趋势。所以，在认识上要打破教材作为唯一课程资源的局限，合理建构课程资源的结构和功能，即使在教材的开发和建设方面，也需要进行结构上的突破，体现时代发展的多样化需求。教材的编写应从学生兴趣与经验出发，根据学生的心理发展特点，精选对于学生终身学习必备的基础知识与技能，及时反映社会、经济、科技的发展，尝试多样、有趣、富有探索性的素材展示教育内容，并且能够提出观察、实验、操作、调查、讨论的建议。

长期以来，中小学课程资源的结构比较单一，除了教材成为唯一的课程资源外，在课程资源的开发主体、基地、内容、条件等方面也很单一，而且未能形成有机整体。

从课程资源的开发主体来看，主要依靠的是少数专家特别是学科专家。他们开发的课程在内在学术品质上可能是很好的，但就课程反映不同地区、不同学校和学生的差异性与多样性来说，他们是无能为力的，也无法苛求于他们。因此，课程结构要适应地区差异、不同学校的特点，以及学生的个别差异，为学生提供更多的选择性，那么就必须充分发挥地方、学校和教师乃至学生、学生家长等在课程资源开发中的主体作用。学校和教师对于教材的使用，更多地应该强调是把教材作为课程资源来使用，根据自身实际创造性地使用教材，用出个性化的风格和特点，而不是生搬硬套地教教材。

从课程实施的活动空间来看，班级课堂成为实施课程的最主要条件，但许多中小学还缺少相应的专用教室、实验室、图书馆和课程资源库等。学习方式和内容主要集中在学科内容的课堂教学上，缺少包括研究性学习、社区服务、社会实践以及劳动与技术教育等综合实践活动的形式。

从课程素材或内容上看，偏重知识资源特别是学科知识资源的开发，忽略学科知识的新进展和各学科知识间的相互渗透与融合，远离儿童的生活经验。

从课程资源的载体形式来看，课程资源的开发往往偏重于纸质印刷制品，甚至把教科书作为唯一的课程资源加以固化，而对于开发多样化的课程资源载体形式则重视不够。

此外，校内与校外课程资源的转换协调机制还没有能够很好地建立。学校在图书馆的藏书结构、服务时间、服务方式和使用效率上，还需要进行调整和不断地加以完善。再有，基础教育还要拓展利用各种校外课程资源的途径，包括公共图书馆、博物馆、展览馆、科技馆、青少年活动中心、工厂、农村、部队、政府机关、企事业单位、高等院校和科研院所，还包括广泛的自然资源，同时还要积极开发信息化的课程资源，有效发挥各种公众网络的资源价值。网络不仅是课程资源共享的手段，而且它本身就是一座具有巨大发展潜力的课程资源库。

总之，课程资源结构的重点在发生变化，学校成为课程资源开发的重要力量，网络资源异军突起，这些都为课程资源结构的优化提供了动力。教材，不应该也越来越不可能成为唯一的课程资源，更不能等同于课程本身。我们只能说，教材是一种重要的课程资源，对于学校和教师来说，课程实施更多地应该是如何更好地"用教材"，而不是简单地"教教材"。

（资料来源：朱慕菊主编：《走进新课程——与课程实施者对话》，北京师范大学出版社2002年版，第214～216页。）

3. 小组根据阅读材料讨论下面问题，并由记录人把小组讨论结果的关键词写在大白纸上。

(1) 课程资源开发与利用存在哪些问题？
_____
_____
_____
_____
_____
_____。

(2) 课程资源开发利用与教学有什么关系？
_____
_____
_____
_____
_____
_____。

4. 大组交流：小组发言人借助写着关键词的大白纸与全体学员分享本小组观点。
5. 教师点评每个学习小组的讨论结果。
6. 学员阅读下面的材料。

一、开发与利用课程资源的基本原则

（一）优先性原则

学生需要学习的东西很多，远非学校教育能所包揽，因而必须在可能的课程资源范围内、在充分考虑课程成本的前提下突出重点，精选那些对学生终身发展具有决定意义的素材性课程资源，使之优先得到运用。比如，学校教育要承担自己的责任，要帮助学生学会参与社会生活的各种本领，那么它就必须综合了解有效参与社会生活所应具备的知识、技能和素质以及社会为个人施展才能所提供的种种机会，作出恰当的判断，筛选出重点内容并优先运

用于课程。同时，那些必要而直接的条件性课程资源应优先得到保证。

（二）适应性原则

课程的设计和课程资源的开发利用不仅要考虑典型或普通学生的共性情况，也要考虑特定学生对象的具体特殊情况。如果要为特定教育对象确定恰当的目标，那么仅仅考虑他们已经学过的内容还不够，还需要考虑他们现有的知识、技能和素质以及能够提供的条件性课程资源背景。

除了考虑学生群体的情况外，还要考虑教师群体的情况。只有这样，课程资源才能得到更加充分合理的开发与利用。

二、开发与利用课程资源的主要途径

课程资源的开发和利用要根据各地和各学校的实际情况，广开思路，发掘校内外具有针对性和适应性的素材性课程资源和条件性课程资源，从而更好地发挥它们的作用。此外，要逐步建立课程资源管理数据库，拓宽校内外课程资源及其研究成果的分享渠道，提高使用效率，比如可以编制各种各样的"课程资源登记表"，把课程资源的类型、所有者、获取方式、开发动态和使用事项等登记造表，分类归档，归口管理，以便查找和使用。归纳起来，开发和利用课程资源的主要途径大致有以下几个方面：

（一）调查研究学生的兴趣类型、活动方式和手段

研究青少年的普遍兴趣以及能给他们带来欢乐的种种活动，既有利于发现多姿多彩的不同奖赏方式，帮助学生树立刻苦学习和取得良好学业的信心，也可以启发教师打开记忆的宝库，从自己以往与学生交往的经验中挖掘出大量有益的参考资料。教学方式特别是学习方式本身就是重要的课程资源。就学习动机而言，研究普通青少年的种种活动与兴趣，尤其是调查特定课程受教对象的兴趣和活动是大有益处的，从中可以归纳出能够唤起学生强烈求知欲的各种教学方式、手段、工具、设施、方案、问题，以及如何布置作用、安排课堂内外学习等诸多要素，帮助学生更好地达成课程目标。比如，组织学生外出参观、充分利用公共设施和社区资源，可以使学生亲眼观察自己将要学习的知识、技能等在现实中的作用；运用种种声像手段可以向学生展示实际工作技能、口头表达能力、无私的行为及其他可观察的业绩。根据教学目标的具体要求，请一些在有关方面颇有建树的人士到学校讲课，他们可以结合自身的感受向学生介绍并共同讨论在学习上应该奋力达到的目标及其意义等。

（二）确定学生的现有发展基础及相应的教学材料

各门课程的选材都应该取舍得当，为此不但需要了解学生目前已经具有的知识、技能和素质，而且还应该兼顾他们之间的差异，设计大量方案，组织多种活动，准备相应的教学材料。比如，学生水平难以整齐划一，为了满足所有学生的要求，阅览室和其他阅读材料汇编就应该备有从不同层次介绍同一主题的资料。同样，向学生布置作业，也应根据实际情况，从众多的方案和活动中选取与他们的知识、技能水平相当的题目。各种练习材料的具体内容往往需要课程设计者根据循序渐进的原则加以提取和编排。

为学生提供的反馈材料，特别是向学生指出学习中的差错并分析原因的反馈材料，可以很好地帮助学生找出课程学习中的难点。教师可以自己尝试收集学生常犯错误的资料，设计和整理成各种特定技能和知识领域的核查表，从而及时提供反馈性的教学材料。

学生的经验、感受、创意、见解、问题、困惑等是重要的素材性课程资源，具有很强的

动态生成性，应该即时地捕捉、归纳和总结，使之成为教学过程的生长点。

(三) 创造性开发和使用教学用具

各种教学用具是重要的课程资源。要根据教学的需要和学校以及学生的实际情况，创造性地开发和利用各种教具和学具，为提高教学质量和教学水平服务。教学用具的开发和使用要因地制宜，简便实用，与学校和学生的发展水平相适应。

(四) 安排学生从事课外实践活动

安排课外实践应是课程教学的一项重要内容。学生能否将自己学到的知识、技能恰如其分地运用于实践，在很大程度上取决于学生自身的生活环境。一般说来，教师对校内环境及所在社区的某些方面都有所了解，应该加以很好地开发和利用。至于学生平时的课外活动以及有些什么其他学以致用的机会，则要靠学生自己寻找，这时学生的生活经验可以发挥更大的作用。所以，教师应该注意发掘学生生活经验方面的资源，引导学生将书本知识转化为实践能力。

(五) 制订参考性的技能清单

很多技能都具有通用价值，可以将这些技能作一番调查整理，形成一个对各门学科和多种课外情景都有参考价值的技能清单。至于态度、兴趣和接受能力等，虽然也有通则，但这方面的研究很难提供有益的通用标准素质清单。所以必须结合实际情况，在调查研究的基础上作出决定。

(六) 总结和反思教学活动

教学工作本身是很复杂的，因而需要不断地学习，不断地总结与思考。教学的新知识、新技能和新策略有多种多样的来源——来源于研究，来源于新教材和新手段，来源于先进教学法的报道，来源于同事，来源于督导人员，来源于对教学的自我总结，来源于对课堂学习情况的思考等。教师们要不断地考虑如何来充实自己的教与学的知识库，并且为增加这些方面的知识作出不懈的努力。教师需要不断地通过自我总结和借助他人的反馈来分析自己的学习需要和学习风格。教师应该善于运用教学日志、研究小组和个人教学心得锦集夹、同事指导、他人帮助、同事建议等自我评价和合作总结的手段、方法和策略，提高自我总结和反思教学的水平。

工作日志、录音带或录像带以及个人教学档案袋等自我总结的方法和策略，不仅可以给自己的教学实况留下记录，也可以使教师对自己的教学发展路径作长期的跟踪，还可以对自己的进步作长期的分析进而找出有待进一步学习的地方。其他方法和技巧包括进行有组织安排的和无需组织安排的相互观摩、研讨和帮助，组织研究小组，开展经验交流，加入各种专业活动网络等，可以使教师更好地了解教学研究的动态，逐步使自己成为教学知识的生产源。[①]

(七) 广泛利用校内外的场馆资源

学校要根据当地的现有条件和实际情况，广泛利用校内外场馆资源。

图书馆是重要的课程资源，应有步骤地帮助学生建立图书情报检索方面的常识，培养学生获取信息的基本技能，更加主动和便捷地利用图书馆的资源。

科技馆的充分利用有利于拓宽学生的科学视野，加强学生对学习科目如科学、自然、地

---

① 参见 [美] 国家研究理事会著、戢守志等译：《美国国家科学教育标准》，科学技术文献出版社1999年版。

理等课程的直观和形象的理解,为正式的课程教学提供强有力的支持。鉴于目前国内科技馆的建设现状,在开发过程中可以考虑选择较为典型的科技馆作为样本,运用现代信息和媒体技术,如制作成光盘或通过网络等途径提供给全国普教系统。

我国是一个历史和文化积累非常深厚的国家,有着丰富的历史底蕴和资源。全国各地的各种博物馆就是这种历史文化宝库的重要组成部分,具有重要的课程资源开发价值。在开发的形式选择上,一方面可以加强学校与博物馆的联系,另一方面也可以将博物馆与学校相应的课程如历史与社会等结合起来,或者通过网络和光盘等形式传播博物馆资源。

此外,各种有利于学生身心发展的运动场馆、专用教室、设备和设施、实践基地、科研院所、工厂、农村等,都是可供开发和利用的课程资源。

(八) 发挥网络资源的作用

现代信息技术的发展正在突破各种资源的时空限制,使得课程资源的广泛交流与共享成为可能。为此,教师一方面要充分利用各种网络资源为教育教学工作服务,同时也要积极参与网络资源的建设,运用网络技术贡献自己的教育教学经验和成果,使之成为网络资源的一部分,与广大同行交流和分享;另一方面,还要鼓励学生学会合理选择和有效利用网络资源,从而增加和丰富自己的学习生活经验。

(九) 开发和利用乡土资源

乡土资源主要指学校所在社区的自然生态和文化生态方面的资源,包括乡土地理、风俗习惯、传统文化、生产和生活经验等。这些资源可以有选择地进入地方课程、校本课程乃至国家课程的实施过程中,成为师生共同建构知识的平台。

(资料来源:钟启泉、崔允漷主编:《新课程的理念与创新——师范生读本》,高等教育出版社 2003 年版)。

7. 小组根据阅读材料讨论下面问题,并由记录人把小组讨论结果的关键词写在大白纸上。

讨论问题:课程资源开发与利用的各种途径的优点、缺点及适用范围。

_____
_____
_____
_____
_____。

8. 大组交流:小组发言人借助写着关键词的大白纸与全体学员分享本小组观点。

9. 教师点评每个学习小组的讨论结果。

活动3 对话交流:校本课程资源的开发

【活动目标】 树立正确的校本课程资源开发的观念。

【活动说明】

1. 学员与小学校长进行交流。

2. 教师应该注意小学校长可能给学员带来了一些消极观念。

【活动过程】

1. 教师导言。
2. 学员阅读下面材料。

不同教育情境下的课程资源状况可能存在着相当大的差别，课程资源的分布情况，特别是在需要较大经济投入的课程资源方面，往往很不平衡。从目前我国中小学的一般情况来看，经济发达的东南部地区课程资源的状况比中西部地区优越，城市比农村优越，重点中小学比一般中小学优越。

大致说来，广大贫困地区和薄弱学校，经济条件相对落后，在需要较大经济投入的课程资源方面显然没有优势。但从作为课程要素来源的课程资源方面看，即使贫困地区和薄弱学校，其课程资源也是丰富多彩的，缺乏的只是对课程资源的识别、开发和运用的意识与能力。所以，目前对于贫困地区和薄弱学校来说，一个很重要的问题是对于课程资源的地位和作用重视不够，一方面是课程资源特别是作为课程实施条件的课程资源严重不足；另一方面却是由于课程资源意识的淡薄而导致大量课程资源特别是作为课程要素来源的课程资源被埋没，不能及时地经过加工和转化后进入实际的中小学课程，造成许多有价值的课程资源的闲置与浪费。一些中小学甚至把教科书当成唯一的课程资源，课程资源的概念意识十分狭隘。

其实，许多不同的材料，如果从课程实施条件的角度来看可能存在天壤之别，而如果从课程要素的角度来看，许多不同的资源在教育价值上则是同质的。

有这样一个说法，美国的教师教学生画苹果时，提上一袋苹果，一人分一个，让学生看、摸、闻，甚至咬上几口，然后开始画苹果。结果，大多数学生第一次画出来的像西瓜，第二次画出来的像梨，第三、第四次画出来的才像苹果。而中国的教师教学生画苹果时，只带一只粉笔，先对全部学生讲画苹果的注意事项，然后在黑板上一笔一画地示范，学生照着老师的样板画出来。结果，所有的学生第一次画出来的就像苹果。比较而言，美国学生虽然画得费劲且不太像苹果，但画出来的却是"生活中的苹果"、"自己的苹果"，中国的学生虽然画得轻松且很像苹果，但画出来的却是"黑板上的苹果"、"老师的苹果"！

这个例子虽然是一个形象化的笑话，并不是一个具体的事实，却能折射出教育观念上的差异，两种做法对于学生发展的意义是大不相同的。其中，如果从课程资源的角度而论，后一种做法的资源意识是比较淡薄的。或许有人会说，中国的教师特别是贫困地区和那些薄弱学校的教师没有条件发给学生苹果。但如果用课程要素的眼光来看，我们的确没有条件发苹果，可我们有大地，有小草，哪怕是荒山、黄土坡、茅草棚，它们的教育价值，它们对于实现课程目标以及发展学生感受和表达美的意义和功能却是同质的，关键在于我们怎么运用它们。当然，这种说法绝不能成为我们拒绝改善课程实施条件的理由，而应该成为我们开发和利用作为课程资源要素来源的课程资源的动力。

因此，当务之急，一个重要的课题是加强对于课程资源问题的理论与实践研究，澄清课程资源的概念，强化课程资源意识，提高对于课程资源的认识水平，因地制宜地开发和利用各种课程资源。对于贫困地区和薄弱学校来说，尤其如此。

(资料来源：朱慕菊主编：《走进新课程——与课程实施者对话》，北京师范大学出版社2002年版)。

3. 请小学校长介绍该校校本课程资源开发与利用的现状及问题。
4. 学员与小学校长交流：应树立何种科学的校本课程资源开发与利用的观念。
5. 教师总结。

课后作业

简要论述课程资源与教材之间是什么关系?

课外阅读

一、教学的语义分析

教学既可以指日常语言中所使用的普通名词,也可以指作为专业术语使用的科学概念。尽管日常语言在一定程度上阐明了"教学"一词在论述教育问题时的各种含义,但还没有精确到在运用这些概念时,大多数人都有一致的看法。

"教学"的词源分析可以按不同的语种进行,这里的分析仅限于汉语和英语。

(一)汉语的"教学"及其语义的发展

1. 教学即学习。考察汉语的"教学",首先必须对汉字"教"与"学"的起源有所了解。商代甲骨文中"教"、"学"两字都已出现,并且有多种写法。

"学"字有 𖼄、𖼅、𖼆、𖼇、𖼈、𖼉 等。这些字从最简单的 𖼄 演变到较复杂的 𖼉,一方面说明了汉字结构不断变化,正是文字本身的概念的不断充实;另一方面也反映了事物本身的发展过程。甲骨文"教"字有 𖼊、𖼋、𖼌 等。从甲骨文上看,教与学显然具有同源性,是对同一人类活动的指称。进一步分析"教"字结构,更可看清这一点。几乎在每一种写法的"教"字里,都是首先包含了一个写法与意义最简单的"学"字(𖼄),然后再添加上些新笔画部首。根据汉字的造字特点,这种新的添加就表示了这个字又增加了一些新涵义。①

比较这两个字的构成,可以说是"教"字来源于"学"字,或者说教字的概念是在学的概念的规定性中加上了又一层规定性。"教学"两字连用,最早见之于《尚书·兑命》孔颖达的解释是:"上学为教,音 xiào;下学者,学习也。言教人乃是益己学之半也"。《学记》引用它作为"教学相长"的经典依据,指出"学然后知不足,教然后知困,知不足然后能自反,知困然后能自强也。故曰:教学相长"。宋人蔡沈对此作注:"教也……始之自学,学也;终之,教人,亦学也。"说明其词义只是一种教者先学后教、教中又学的单方向活动,因此,这里所说的"教学"并不是现代意义上的教学。确切地说,在古代个别教学的组织形式下,教与学不分,以学代教。教学及学习,是指通过教人而学,以提高自己,这是我国"教学"一词最早的语义。

2. 教学及教授。一直到 19 世纪末 20 世纪初,由于光绪皇帝宣布废除科举制度,兴办新式学校,各地新式学校如雨后春笋般地出现。1903—1909 年间,"学校数由 719 所增加到 52348 所,增加 73 倍"②。学校猛增,而教学"苦于善策",临时召集来的教师,没有受过培训,"素重背诵而不讲解",鉴于班级授课制兴起对教师提出的客观要求,加上留学日本回国的学生对当时日本非常流行的"五段教学法"(源于德国教育学家赫尔

---

① 参见杜成宪:《早期儒家学习范畴研究》,台北文津出版社 1994 年版。
② 陈翊林:《最近三十年中国教育史》,上海太平洋书店 1930 年版。

巴特）的介绍，人们自然会对教师的"教"重视起来，"怎么教"的问题成了当时的热门话题。于是，与此对应的"教授"一词就被人们所接受。如1912年教育部公布的《师范学校规程》和1913年公布的《高等师范学校规程》都规定教育学科包含"教授法"。从而"教学"就有了第二种语义：在近代班级集体教学的组织形式前提下，"教学"的语义演变为"教授"。如《中国教育辞典》(1928)把"教学法"释为"各种教授方术者"。

3. 教学即教学生学。"教学"词义再度发生变化，与我国著名的教育家陶行知有关。1917年，他从美国学成回国后，考察了许多学校，对当时学校教育的状况极为不满，因为"先生只管教，学生只管受教"。"论起名字来，居然是学校，讲起实在来，却又像是'教校'。这都是因为重教太过。"在他看来，"教的法子必须要根据学的法子……先生的责任不在教，而在教学，教学生学。"① 因此，他极力主张把"教授"改为"教学"，并将南京高等师范学校全部课程中的"教授法"改为"教学法"，这样"教学"又有了一种特别的语义，即第三种语义为"教学生学"。这种语义的确定显然受美国教育哲学家杜威"学生中心思想"的影响。

4. 教学即教师的教与学生的学。解放后，我们在全面学习（原）苏联教育学家凯洛夫主编的《教育学》时，了解到（原）苏联教育学家对"教学"所下的定义是："教学过程一方面包括教师的活动（教），同时也包括学生的活动（学）。教和学是同一过程的两个方面，彼此不可分割的联系着。"② 于是就接受了这样一种定义：教学是教师教和学生学的统一活动。我国的教育学或教学论教科书以及教育方面的辞典大多是这样解释的，一直沿用至今，这可作为"教学"的第四种词义。

汉语"教学"语义例举：
- 所谓教学，乃是教师教、学生学的统一活动，在这个活动中，学生掌握一定的知识和技能，同时，身心获得一定的发展，形成一定的思想品德。

王策三：《教学论稿》，人民教育出版社1985年版，第88~89页。
- 教学就是指教的人指导学的人进行学习的活动，进一步说，指的是教和学相结合或相统一的活动。

李秉德主编：《教学论》，人民教育出版社1991年版，第2页。
- 教学是以课程内容为中介的师生双方和学的共同活动。

顾明远主编：《教育大辞典》，上海教育出版社1990年版。

（二）英语中的"teach"及其定义

在英语世界，涉及教学所对应的单词有 teach（教、教导）、learn（学、学习）和 instruct（教导）。Teach 与 learn 最早表达的是同样的意思，可以通用。

Learn 来自中世纪英语中 lernen 一词，意思是学习或教导。Lernen 来源于盎格鲁—撒克

---

① 方严编：《陶行知教育论文选辑》。生活·读书·新知出版社1947年版。
② 凯洛夫总主编，陈侠等译：《教育学》，人民教育出版社1957年版，第130页。

逊语言中 lernian 一词，其词干是 lar，lar 是 lore 一词的词根。Lore（经验知识）本来的意思是学习或教导，但现在被用来指所教的内容。因此可以说，learn 和 teach 是由同一词源派生出来的。在古语中，"I will learn you typewriting"（我要教你打字）的说法是正确的。派生词 "learn" 与所教的内容相联系。

"teach" 一词还有另一种派生形式。它来源于古英语中 taecan 一词，taecan 又是从股条顿语中 taikjan 一词派生来的。Taikjan 的词根是 teik，意思是拿给人看，它又可以通过条顿语以前的 deik 一词，一直追溯到梵语中的 dic。与 teach 一词有关系的还有 token（符号或象征）。Token 来源于古条顿语 taiknom，这与 taikjan 是同源词，古英语中 taecan 的意思是教。所以，token（符号或象征）与 teach（教导）从历史上看是相互联系的。根据这一派生现象，教学就是通过某些符号或象征向某人展示事物，利用符号或象征唤起对事物、人物、观察、发现等等的反应。在这一派生现象中，teach 与使教学得以进行的媒介相联系。[①]

与我国古代汉语不同，汉语中的"教"源自于"学"，而英语中的 teach 与 learn 是同一词源派生出来的，learn 与所教的内容相联系，teach 与使教学得以进行的媒介相联系。后来，语义的发展是基于分析的逻辑，即不是两者兼容而是两者择一，就没有像汉语涵盖教与学两方面的"教学"的概念，教与学指的是两种不同的活动，两个不同的概念。不过，我们有时会在一些英文文献中见到"teaching—learning"一词，这一合成词与我国通常所理解的教学（既包括教又包括学）形式可以等同。

至于 teach 和 instruct 这两个词的释义，确实还有分歧。如有人认为，前者多与教师的行为相联系，作为一种活动；后者多与教学的情景有关，作为一种过程。但绝大多数学者还是把它们当做同义词，可以互相替代。

美国教育学家史密斯（Smith, B. O.）把英语国家对教学（teaching）的涵义的讨论作了整理，并把它们归为五类：[②]

1. 描述式定义。即传统意义上的教学。由于词义本身就有一个发展的过程，随着时间的推进，人们对它观察、认识、体验的不断深入，它的外延、内涵、涵义都会发生或多或少的变化。如早期的教与学是同义的；15 世纪时教学指的是提供信息，向某人演示如何做某件事情，就某一问题授课；今天，传统意义上的教学并不是与此截然不同，教学的描述性定义可作如下表述：教学是传授知识和技能。

2. 成功式定义。即将教学作为成功。它表明教必须包含学这样一种思想。在大量的英语教学文献中，可以发现"教—学"（teaching—learning）这一表达方式，预示这两者之间的联系，表明教与学是相互牵连、不可分割的。"I will learn you typewriting" 这句话多少暗含着：如果我教你的话，你将会知道如何打字。这正是教学的成功概念的要旨所在——教必须保证学。依据这一观点，教学可定义为 X 学习 Y 所教的内容的一种活动。如果 X 没有学会，则 Y 没有教。杜威曾用一个公式将教学的这一概念简洁地表示出来：教与学犹如卖与

---

① Smith, B. O., Teaching: Definitions, In T. Husen et al. (Eds). *The International Encyclopedia of Education. Research and Studies*, Vol. 9, 1985.

② Smith, B. O., Definitions of Teaching, In Dunkin, M. (Ed.), *The International Encyclopedia of Teaching and Teacher Education*, 1987.

买。既然没有人买,也就无所谓卖。当没有人学会时,也就无所谓教。"教学"意味着不仅要发生某种相互关系,它还要求学习者掌握所教的内容。

3. 意向式定义。即将教学作为一种意向活动。它表明,尽管教学在逻辑上可以不包含学,但人们可以期望教导致学。一个教师可能并不成功,但人们期望他尽力争取教学成功。尽力争取搞好教学,并不仅仅是从事这一活动,还要注意眼前所发生的事情,作出判断以及改变自己的行为。尽力争取做好某件事情在一定程度上就是有意向地做某件事情。从这个意义上说,教学是一种有意向的行为,其目的在于诱导学生学习。教师的行为表现是受他们的意向所左右的,而他们的意向是以教师自身的信念体系和思维方式为基础的。

4. 规范式定义。即将教学作为规范性行为。它表明教学的活动符合特定的道德条件,也就是说,只要符合一定道德规范的一系列活动都是教学。这种道德条件主要是使教学得以进行的活动中理智的数量——事实根据与推理运用的数量。据此判断,在教学及相关的活动中(见图4-1),训练、教导居于教学内涵的中心地区,是教学的最基本活动;灌输和条件反射则居于教学内涵的边缘地带,与教学密切相关。训练与条件反射由养成行为和培养技能的活动构成,教导和灌输则由发展知识与形成信念的活动组成。而恐吓、蛊惑、生理威胁和说谎则完全不是教学。因为蛊惑、说谎都有夸大、失真,缺乏事实依据,其目的在于骗人;恐吓与生理威胁伤害了受教育者的身心,是一种反教育的行为,更谈不上是教学。

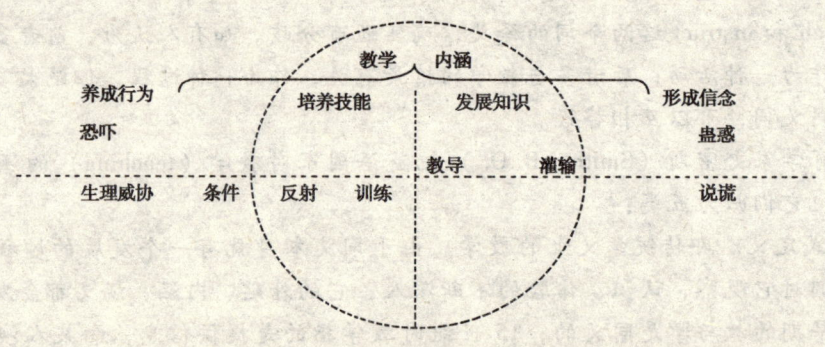

图4-1 教学及其相关的活动图

5. 科学式定义。尽管前面所分析的各种教学的定义在一定程度上阐明了"教学"一词在用于论述教育问题时的各种含义,但还没有精确到在运用这些概念时,每个人都有一致的看法。为了使对这一专业的研究变得科学化,有必要在某种程度上作进一步的探索。关于教学的一个专门性定义将由用"和"、"或"、"含义为"等词连结起来的一组句子构成,即以 $a = df(b, c, \cdots)$ 来表示的命题组合定义或并列建议式定义,其中 a 表示"教学时有效的",$(b, c, \cdots)$ 表示"教师作出反馈"、"教师说明定义则并举出正反两方面的实例"等等命题的组合,$= df$ 表示随着命题之间的微小变化,a 将会发生变化。

(资料来源:施良方、崔允漷著:《教学理论》,华东师范大学出版社2010年版。)

我对"教学"的理解:_____
_____
_____

二、以小组为单位，查阅以下资料：

1. 我国新课程改革倡导的教学观；
2. 我国新课程改革背景下教学改革的意义。

 **相关链接**

1. 朱慕菊主编：《走进新课程——与课程实施者对话》，北京师范大学出版社2002年版。
2. 黄甫全主编：《现代课程与教学论学程》，人民教育出版社2006年版。

单元五

学会教学

★本单元概述及学习要点：

教学是一种以传授知识为直接目的的教育活动，是学校教育工作中的核心。所以，作为一名教师，应该对教学的作用、教学的过程、教学的方法及其选择、教学设计以及教学的基本组织形式——课堂教学的原则、教学设计、教学模式和教学评价都有相当的认识和操作能力。本单元就上述方面展开学习。

学习要点

- □ 教学的含义
- □ 教学的基本原则
- □ 教学方法及其选择
- □ 教学设计的内容和流程

课节1 教学的含义

【学习目标】 到本课节学习结束，你将能够：
1. 掌握教学的概念。
2. 了解教学与课程的关系。
3. 了解教与学的关系。
4. 了解教学的作用。

【预计时间】 135分钟

【活动准备】

1. 小组成员分工：按需要分成主持人、发言人、记录人、报告人、音量控制人、材料保管人等。

2. 大白纸、记号笔。

【活动概览】

活动1　小讲座：认识教学活动

活动2　阅读讨论：教学与课程的关系

活动3　阅读讨论：教与学的关系

活动4　讨论交流：教学的作用

活动1　小讲座：认识教学活动

【活动目标】　掌握教学、教学过程的概念；理解教学活动的特征。

【活动说明】

1. 教师以讲座的形式介绍本活动的内容（可参照单元四课外阅读和本课节参考资料）。

2. 教师介绍结束之后，如果时间允许，可以组织学员对这三个概念进行讨论。

【活动过程】

教师介绍教学、教学过程的定义和教学活动的特征。

活动2　阅读讨论：教学与课程的关系

【活动目标】　了解教学与课程的关系。

【活动说明】

1. 本活动直接涉及课程、教学两个概念，所以，教师在导入本活动的时候，应该着重回顾这两个概念。

2. 小组讨论的过程中，教师应该引导学员反思自身受教育的经历。

【活动过程】

1. 教师通过回顾上次活动，引入新活动。

2. 教师展示活动标题。

3. 学员阅读下面材料，思考后面的问题。

关于如何来看待课程与教学之间的关系的问题，美国学者塞勒（J. G. Saylor）等人提出的三个隐喻可以帮助我们思考和考察这个问题的实质：[①]

隐喻一：课程是一幢建筑的设计图纸，教学则是具体的施工。作为设计图纸，会对如何施工作出非常具体的计划和详细的说明。这样，教师便成了工匠，教学的好坏是根据实际施工与设计图纸之间的吻合程度，即达到设计图纸的要求来测量的。

隐喻二：课程是一场球赛的方案，这是赛前由教练员和球员一起制订的，教学则是球赛进行的过程。尽管球员要贯彻事先制订好了的方案或意图，而达到这个意图的具体细节则主

---

① Saylor, J. G. et al. (4th. Ed.), Curriculum Planning: For Better Teaching and Learning, 1981, p. 258.

要由球员来处理。他们要根据场上的具体情况随时作出明智的调整。

隐喻三：课程可以被认为是一个乐谱，教学则是作品的演奏。同样的乐谱，每一个演奏家都会有不同的体会，从而有不同的演奏，效果也会大不一样。为什么有的指挥家和乐队特别受人欢迎？主要不是由于他们演奏的乐曲，而是他们对乐谱的理解和演奏的技巧。

任何课程设计，最终都是通过具体的教学工作才能得以完成的。如果我们注意到教师在备课时考虑的各种因素，就会对课程实施有一个比较直观的了解。塞勒等人用图 5-1 展示了教师在准备教案时所要经历的步骤。①

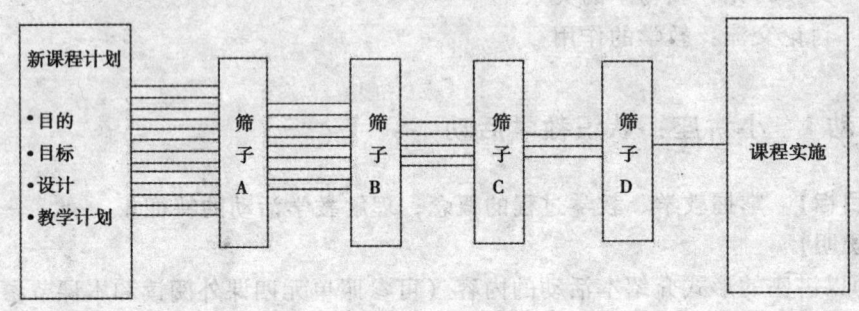

图 5-1 教师作为决策者的课程实施

A. 当地社区的价值观和期望
B. 学生的需要、兴趣、能力和角色
C. 教育环境——班级组织、教材、管理人员的支持或限制
D. 教师最终对合适教案的抉择

这个模式假定教师的教学是建立在新的课程计划的基础上的。教师的价值观、知识和技能会影响他们每一次所作出的选择。教师会考虑到课程的目标、内容和组织方式，并会想像出一系列可能的教学方案以实施课程计划。这些可能的教学方案要经过层层"筛选"，即看它们是否符合社区的价值观和教育期望、是否能为特定学生所接受以及是否具备适当的条件等。而这些抉择都与教师的素质和经验有关。由此可以推理，课程计划中的某些部分实际上从未真正得到实施过。这种情况在下列模式中表现得更加明显（见图 5-2）。

由此可见，有效的课程计划是良好课堂教学的必要条件，但不是充足条件。因为有效的课程计划不可能保证取得好的效果。事实上两个教师实施同一个课程计划，也会有两种不同的效果。教学的效果是受教什么（课程）和怎么教（教学）这两者影响的。教学的状况对课程计划的成败起着制约作用②。

---

① Saylor, J. G. et al. (4th. Ed.), Curriculum Planning: For Better Teaching and Learning, 1981, p. 261.
② 资料来源：施良方著：《课程理论——课程的基础、原理与问题》，教育科学出版社 1996 年版。

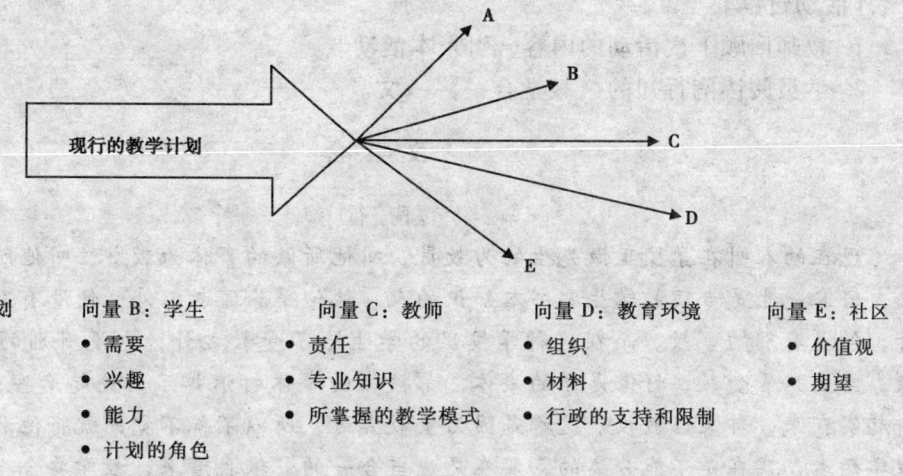

向量A：新的课程计划	向量B：学生	向量C：教师	向量D：教育环境	向量E：社区
• 目的与目标	• 需要	• 责任	• 组织	• 价值观
• 设计	• 兴趣	• 专业知识	• 材料	• 期望
• 教学计划	• 能力	• 所掌握的教学模式	• 行政的支持和限制	
	• 计划的角色			

图 5－2　课程与教学的动态模式

4. 小组根据阅读材料讨论下面问题，并由记录人把小组讨论结果的关键词写在大白纸上。

（1）结合课程和教学的概念，分析阅读材料的三个隐喻的合理性和不足。
_____
_____
_____
_____
_____。

（2）结合自己受教育的经历，讨论：课程与教学的动态关系，除了阅读材料所列出的，还有哪些？
_____
_____
_____
_____
_____
_____。

5. 大组交流：小组发言人借助写着关键词的大白纸与全体学员分享本小组观点。
6. 教师点评每个学习小组的讨论结果。

 活动3　阅读讨论：教与学的关系

【活动目标】　了解教与学的关系，形成正确的教与学关系的观念。
【活动说明】
1. 教师可以适当补充陶行知《教学合一》的写作背景，并与当前背景作简单比较。
2. 教师可以适当补充《教学合一》的相关教育教学实验。

【活动过程】

1. 教师回顾上次活动的内容，引入本活动。
2. 学员阅读陶行知的《教学合一》一文。

教 学 合 一

陶 行 知

现在的人叫在学校里做先生的为教员，叫他所做的事体为教书，叫他所用的法子为教授法，好像先生是专门教学生些书本知识的人。他似乎除了教以外，便没有别的本领，除书之外，便没有别的事教。而在这种学校里的学生除了受教之外，也没有别的功课。先生只管教，学生只管受教，好像是学的事体，都被教的事体打消掉了。论起名字来，居然是学校；讲起实在来，却又像教校。这都是因为重教太过，所以不知不觉的就将他和学分离了。然而教学两者，实在是不能分离的，实在是应当合一的。依我看来，教学要合一，有三个理由：

第一，先生的责任不在教，而在教学，而在教学生学。

大凡世界上的先生可分三种：第一种只会教书，只会拿一本书要儿童来读它、记它，把那活泼的小孩子做个书架子、字纸篓。先生好像是书架子字纸篓之制造家，学校好像是书架子字纸篓的制造厂。第二种的先生不是教书，乃是教学生；他所注意的中心点，从书本上移到学生身上来了。不像从前拿学生来配书本，现在他拿书本来配学生了。他不但是要拿书本来配学生，凡是学生需要的，他都拿来给他们。这种办法，果然比第一种好得多，然而学生还是在被动的地位，因为先生不能一生一世跟着学生。热心的先生，固想将他所有的传给学生，然而世界上新理无穷，先生安能尽把天地间的奥妙为学生一齐发明？既然不能与学生一齐发明，那他所能给学生的，也是有限的，其余还是要学生自己去找出来的。况且事事要先生传授，既有先生，何必又要学生呢？所以专拿现成的材料来教学生，总归还是不妥当的。那么，先生究竟应该怎样子才好？我以为好的先生不是教书，不是教学生，乃是教学生学。教学生学有什么意思呢？就是把教和学联络起来：一方面要先生负指导的责任，一方面要学生负学习的责任。对于一个问题，不是要先生拿现成的解决方法来传授学生，乃是要把这个解决方法如何找来的手续程序，安排停当，指导他，使他以最短的时间，经过相类的经验，发生相类的理想，自己将这个方法找出来，并且能够利用这种经验理想来找别的方法，解决别的问题。得了这种经验理想，然后学生才能探知识的本源，求知识的归宿，对于世间一切真理，不难取之无尽，用之无穷了。这就是孟子所说的"自得"，也就是现今教育家所主张的"自动"。所以要想学生自得自动，必先有教学生学的先生。这是教学应该合一的第一个理由。

第二，教的法子必须根据于学的法子。

从前的先生，只管照自己的意思去教学生；凡是学生的才能兴味，一概不顾，专门勉强拿学生来凑他的教法，配他的教材。一来先生收效很少，二来学生苦恼太多，这都是教学不合一的流弊。如果让教的法子自然根据学的法子，那时先生就费力少而成功多，学生一方面也就能够乐学了。所以怎样学就须怎样教；学得多教得多，学得少教得少；学得快教得快，学得慢教得慢。这是教学应该合一的第二个理由。

第三，先生不但要拿他教的法子和学生学的法子联络，并须和他自己的学问联络起来。

做先生的，应该一面教一面学，并不是贩买些知识来，就可以终身卖不尽的。现在教育界的通病，就是各人拿从前所学的抄袭过来，传给学生。看他书房里书架上所摆设的，无非是从前读过的几本旧教科书；就是这几本书，也还未必去温习的，何况乎研究新的学问，求新的进步呢？先生既没有进步，学生也就难有进步了。这也是教学分离的流弊。那好的先生就不是这样，他必是一方面指导学生，一方面研究学问。如同柏林大学包尔孙先生（F. Paulsen）说："德国大学的教员就是科学家，科学家就是教员"。德国学术发达，大半靠着这教学相长的精神。因为时常研究学问，就能时常找到新理。这不但是教诲丰富，学生能多得些益处，而且时常有新的材料发表，也是做先生的一件畅快事体。因为教育界无限枯寂的生活，那是因为当事的人，封于故步，不能自新所致。孔子说："学而不厌，诲人不倦"。真是过来人阅历之谈。因为必定要学而不厌，然后才能诲人不倦；否则年年照样画葫芦，我却觉得有十分的枯燥。所以要想得教育英才的快乐，似乎要把教学合而为一。这是教学应该合一的第三个理由。

总之：一，先生的责任在教学生学；二，先生教的法子必须根据学的法子；三，先生须一面教一面学。这是教学合一的三种理由。第一种和第二种理由是说先生的教应该和学生的学联络；第三种理由是说先生的教应该和先生的学联络。有了这样的联络，然后先生学生都能自得自动，都有机会方法找那无价的新理了。

（资料来源：江苏省陶行知研究会、南京晓庄师范学校主编：《陶行知文集（修订本）》，江苏教育出版社 2008 年版）。

3. 小组根据阅读材料讨论下面问题，并由记录人用记号笔把小组讨论结果的关键词写在大白纸上。

（1）陶行知的"教与学"的观点是：
_____
_____
_____
_____
_____。

（2）结合参考材料，评价陶行知的"教学合一"的观点。
_____
_____
_____
_____
_____。

（3）你的"教与学"的观点是：
_____
_____
_____
_____
_____。

4. 大组交流：小组发言人借助写着关键词的大白纸与全体学员分享本小组观点。
5. 教师点评每个学习小组的讨论结果。

活动4　讨论交流：教学的作用

【活动目标】　了解教学在学生发展中的作用，理解教学在社会发展中的作用。

【活动说明】

1. 教学对个体发展和社会发展，存在正面的积极作用和负面的消极影响两个方面，教师可以适当引导学员认识负面的消极影响。
2. 教师尽量把教学对个体发展的作用与学员的亲身经历结合起来，以帮助学员更加深刻地理解教学对个体发展的作用。

【活动过程】

1. 教师通过回顾上一个活动，引入新活动。
2. 教师展示活动标题。
3. 教师引导学员用亲身经历来说明教学促进个体发展的种种表现。
4. 教师总结归纳学员的发言，得出教学对个体发展的作用。
5. 教师引导学员从社会宏观的角度来认识教学的作用。
6. 教师引导学员归纳教学对社会发展的作用。

课后作业

谈谈你对教学作用的认识。

课外阅读

1. 施良方著：《课程理论——课程的基础、原理与问题》，教育科学出版社1996年版。
2. 谢泽慧主编：《参与式教学》，西南师范大学出版社2009年版。

课节2　教学原则

【学习目标】　到本课节学习结束，你将能够：

1. 了解教学原则的含义。
2. 理解当前小学教学中主要的教学原则。
3. 掌握新课程提倡的整体性、发展性和探究性教学原则。

【预计时间】　90分钟。

【活动准备】

1. 小组成员分工：按需要分成主持人、发言人、记录人、报告人、音量控制人、材料

保管人等。

2. 大白纸、记号笔。

【活动概览】

活动1　小讲座：教学原则的含义

活动2　小组研究：小组汇报查阅搜集的教学原则

活动3　小组研究：新课程提倡的教学原则：整体性原则、发展性原则、探究性原则

活动1　小讲座：教学原则的含义

【活动目标】　了解教学原则的含义，理解确定教学原则的依据。

【活动说明】　教师的讲座内容可参见本课节的附件。

【活动过程】

1. 教师以讲座的形式，向学员介绍教学原则的概念及确定教学原则的依据。

2. 学员提出并与教师讨论讲座相关的问题。

活动2　小组研究：小组汇报查阅搜集的教学原则

【活动目标】　了解小学教学中常用的教学原则。

【活动说明】

1. 活动前，教师可以指导学员查阅材料。

2. 小组成员可以对发言人的发言进行补充。

【活动过程】

1. 各学习小组发言人借助写着关键词的大白纸向全体学员汇报本小组查阅资料搜集到的教学原则。

2. 教师小结。

活动3　小组研究：新课程提倡的教学原则：
　　　　　整体性原则、发展性原则、探究性原则

【活动目标】　掌握新课程提倡的整体性原则、发展性原则和探究性原则三大教学原则。

【活动说明】

1. 学员查阅相关材料之前要分工明确，责任到位。

2. 教师对学员查阅材料以及汇报工作做好前期辅导。

【活动过程】

1. 各学习小组发言人借助写着关键词的大白纸向全体学员汇报本小组的查阅材料的情况，并以小讲座的形式介绍小组负责查阅的教学原则。

2. 教师小结。

 **课后作业**

谈谈你对新课程提倡的教学原则——整体性原则、发展性原则、探究性原则的认识。

 **课外阅读**

1. 钟启泉、崔允漷主编：《新课程的理念与创新——师范生读本》，高等教育出版社2003年版。
2. 吕世虎、刘玉莲主编：《新课程与教学研究》，首都师范大学出版社2003年版。
3. 黄甫全主编：《现代课程与教学论学程》，人民教育出版社2006年版。

课节3 教学方法

【学习目标】 到本课节学习结束，你将能够：
1. 了解教学方法的含义。
2. 掌握讲授法和参与式教学法的优缺点。
3. 掌握其他的几种教学法。
4. 掌握选择教学方法的方法。

【预计时间】 180分钟。

【活动准备】
1. 教师准备教具和小学课程教学录像。
2. 小组成员分工：按需要分成主持人、发言人、记录人、报告人、音量控制人、材料保管人等。
3. 大白纸、记号笔。

【活动概览】
活动1　小讲座：教学方法的含义
活动2　比较交流：讲授法、参与式教学法
活动3　小组研究：其他教学方法
活动4　观摩讨论：选择教学方法

 **活动1　小讲座：教学方法的含义**

【活动目标】 了解教学法的含义。

【活动说明】
1. 教师的讲座内容可参考附件。
2. 教师应预留充分的时间与学员进行教学方法相关问题探讨。

【活动过程】
1. 教师以讲座的形式介绍教学方法的含义。
2. 学员提出并和教师探讨教学方法的相关问题。

活动2　比较交流：讲授法、参与式教学法

【活动目标】
1. 了解讲授法的概念。
2. 理解讲授法的适用情况。
3. 掌握讲授法的优缺点。
4. 了解参与式教学法的含义。
5. 理解参与式教学法的优缺点。

【活动说明】
1. 参与式教学法的学习是本活动的重点。
2. 教师应该引导学员正确认识讲授法和参与式教学法的异同。

【活动过程】
1. 教师通过回顾上次活动，引入新活动。
2. 教师展示活动标题。
3. 教师通过教学录像，让学员认识讲授法的操作过程和方法。
4. 学员阅读下面三段话。

阅读材料一：

据《扬子晚报》报道，南京金陵中学河西分校在南京中学率先打造让学生唱主角的"生本"课堂，并规定"一堂课老师原则上讲课时间不得超过15分钟"，这一做法首先在初一语文、外语两门学科试点，继而推广到初高中文科，最后覆盖全校文理科目。此举一出立刻引起很大反响。"老师讲课不超过15分钟，那么课堂2/3以上的时间是交给学生来表现的，也许对成绩比较好的学生来说，自主学习的能力比较强，那还能跟得上老师的课程设计，可是对于基础差的学生来说，不是更浑噩吗？"对于金中河西分校的课堂创新，一位不愿透露姓名的语文老师提出了质疑。南京市教研室汪笑梅发表了她的看法："这是促使老师从课堂中心位置上退下来，引导学生'要学习'。从这个角度讲，这一尝试是积极的。"

在近年来的中小学课堂教学改革中，一些学校也纷纷作出了限制教师每堂课教授时间的规定，有的规定教师教授时间不得超过15分钟，有的规定教师讲授时间不得超过20分钟。

（资料来源：恒畅："讲授时间不得超过15分钟，是否合适", http：//sdjys. org/file/second. asp？titleid =200912224735&typeid =0111k，2009 - 12 - 22。）

阅读材料二：

近年来关于教育改革、教育创新的各种形式的文字中，已经很难看到涉及"讲授法"的正面论述了，不仅如此，讲授法如今颇有些众矢之的的味道。尖锐的批评，痛切的斥责，激烈的抨击，往往成为改革的宣言。然而，在阅读了足够多的类似文字后，不由得产生一些困惑：究竟应当怎样看待这样一种教学方法？它是不是已经到了可以寿终正寝的时候？我们已经准备了足够成熟的其他方法可以取而代之吗？这种取而代之需要什么样的条件和代价？以这样的困惑再来审视各种各样的批评，不由生出几分挑剔，对于讲授法的指责中似乎少了一些什么。如果换个场景，倒颇有些类似法理学上的有罪推定——只要种种罪过证据确凿，那么就可以量刑判决了。毕竟对于一种教学方法的评价不同于对一桩罪行的认定，如果希冀在实践中能够持有对它的正确态度，只有讨伐恐怕是不够的，该有些申辩和深入的追究。甚至于，也来点无罪推定——如果没有犯罪的证据确凿，那么就可以当庭释放了。只是这样一来便发现，对这个人人熟知的方法，其实我们知道的并不多，尤其是真要证明它的"无罪"。

（资料来源：丛立新："讲授法的有罪推定"，《中国教师》，2006年第1期。）

阅读材料三：

讲授法作为教师使用最早的、应用最广的教学方法，在今天的中国似乎正在失去合法性，这是值得忧虑也值得研究的教育现象。心理语言学实验证明了讲授法要求以学生复杂、积极的心理活动为基础；奥苏贝尔的研究证明了讲授法是教学方法中比较高级的一种；维果茨基的理论证明了讲授法与人类的高级心理机能相关。讲授法在学校中的主导地位并非某个人或者某些人的意愿，而是社会和教育自身发展合乎规律的选择。今天，对待讲授法的合理态度是在运用的基础上不断探讨和完善，而不是简单地批评甚至否定。

（资料来源：丛立新："讲授法的合理与合法"，《教育研究》，2008年第7期。）

5. 小组根据阅读材料讨论下面问题，并由记录人用记号笔把小组讨论结果的关键词写在大白纸上。

（1）概括在新课程改革中教育者对讲授法认识的分歧，填写下面的表格。

对讲授法的态度	正方或反方的理由	你的看法
反方（批评）		
正方（辩护）		

（2）讲授法有哪些优点？

（3）讲授法有哪些缺点？

（4）当前小学教育中讲授法的运用存在哪些误区？

_____
_____
_____
_____。

（5）如何在小学教育中合理运用讲授法？

_____
_____
_____
_____
_____。

6. 学员阅读下面材料，并分组讨论后面的问题。

参与式教学的概念、特点与原则

参与式教学法于20世纪五六十年代起源于英国。最初，参与式并不是一种教学法，而是一些英国的社会学家在国外进行国际援助性研究的时候，总结出来的一套社会学理论。该理论认为，只有让当地的人们最大限度地参与到国际援助项目当中来，才能使国际援助项目取得成功。后来引进到教育教学领域里，逐渐形成了现在自成体系的"参与式教学法"。在我国21世纪初所启动的基础教育课程改革当中所倡导的自主、合作、探究的学习方法，在不同程度上受到参与式教学法的影响。

参与式教学的出发点是让所有的学习者都积极主动地参与到学习中来，目的是使每个有着不同背景、不同个性、不同知识经验和不同智能类型的学习者都能有效地参与到学习中来。因此，参与式教学力求通过多种途径、手段和方法调动所有学习者都能够平等地、积极地投入到学习的全过程中，在参与中学习和构建新的知识，形成能力，在参与的过程中掌握方法，在获得知识和能力的过程中，体验各种丰富的情感，形成新的价值观。

参与式教学的特点：

（1）主体性。参与式教学注重发挥学生的主体作用，通过活动，让学生积极参与到学习中。

（2）互动性。课堂上通过师生互动，学生得到多方面的满足，教师的创造才能和主导作用得到充分发挥。因此，参与式教学强调学生对活动的亲自性、卷入性。

（3）民主性。民主性最直接的体现是在课程实施中学生能够平等地参与，教师与学生之间的交流是平等的，教师尊重学生独特的认识和感受。在交流中，教师以平常心对待学生提出的问题，教师如果有错，要勇于在学生面前承认自己的错误。在各种交往活动中，学生之间是平等的，男生与女生也是平等的，尤其是"学优生"和"学困生"之间也是平等的。只有平等地对待每一个学生，尊重每一个学生，学生才会感到安全，只有师生和生生之间的平等交流，才能让学生积极主动地参与教学活动。

（4）合作性。参与式教学提倡采用分组活动的形式，这种形式为教师与学生、学生与学生、小组与小组之间提供了更多的合作机会。智慧经验在合作中得到分享,学习在合作中获得成功。当然合作性不仅仅体现在分组活动一种形式上。

(5) 开放性。教室内,从课桌的摆放、墙壁的布置、教师的行为举止到活动的内容和方式都是开放的。开放的课堂,形式是活泼的,气氛是活跃的,对学习内容的理解也是多元的。参与式教学为每一个学生提供了发现与创造的机会。

(6) 激励性。参与式教学评价注重发挥激励功能。这里没有失败,只有不断地探究。每个学生在大家的热情期待中体验了学习的全过程。

(7) 发展性。参与式教学过程期待每一个学生发展,只要学生努力探究了、在他人的帮助下进步了、在学习中获得了自信的体验,他(她)就获得了发展。发展有快慢之分,却没有高低之分。

(8) 反思性。参与式教学的最高境界在于反思,在于顿悟,在于通过群体交流不断发现自身之外的知识世界来构建新的经验体系。

尤其值得注意的是,参与式教学是以达成教学目标为前提的有效实施,绝不是追求形式的"形似",而是促成有效学习的"神似"。因此,教师在运用参与式教学方法的时候,切记要注意教学活动的实效性。

(资料来源:甘肃省教育厅中英甘肃基础教育领导小组办公室、英国剑桥教育咨询公司中英甘肃基础教育项目专家组:《有效的参与式教学》,甘肃民族出版社2005年版。)

7. 小组根据阅读材料讨论下面问题,并由记录人用记号笔把小组讨论结果的关键词写在大白纸上。

(1) 参与式教学法有哪些优点?
_____
_____
_____
_____
_____。

(2) 参与式教学法有哪些缺点?
_____
_____
_____
_____
_____。

(3) 参与式教学法在运用可能存在哪些误区?
_____
_____
_____
_____
_____。

(4) 如何在小学教育中合理运用参与式教学法？

_____
_____
_____
_____
_____。

(5) 请比较讲授法与参与式教学法的异同。

_____
_____
_____
_____
_____
_____。

8. 大组交流：小组发言人借助写着关键词的大白纸与全体学员分享本小组观点。
9. 教师点评每个学习小组的讨论结果。

活动3　小组研究：其他教学方法

【活动目标】　了解其他教学方法的方法。
【活动说明】
1. 教学方法很多，小组介绍时应详略得当。
2. 教师应该引导学员正确认识各种教学方法的适用条件及其优劣。
【活动过程】
1. 学员以小组为单位，讨论和总结查阅到的各种教学方法。
2. 以一个小组为主，由该小组发言人简单介绍本小组所查阅的教学方法；其他小组进行补充。
3. 教师小结。

活动4　观摩讨论：选择教学方法

【活动目标】　掌握选择教学方法的依据。
【活动说明】
1. 教师应该引导学员逐一分解录像中的教学方法。
2. 教师应该引导学员树立"任何一种教学方法都不可能单一地、独立地存在一个教学过程中"的观念。
【活动过程】
1. 教师通过回顾上次活动，引入新活动。
2. 教师展示活动标题。

3. 教师播放四段教学录像：小学一年级体育课录像；小学六年级体育课录像；小学三年级数学课录像；小学六年级数学课录像。

4. 学员观看录像时填写下面的表格。

课程	教学方法	异同
小学一年级体育课		
小学六年级体育课		
小学三年级数学课		
小学六年级数学课		

5. 小组讨论下面问题，并由记录人用记号笔把小组讨论结果的关键词写在大白纸上。

（1）教师为什么需要选择教学方法？

_____
_____
_____
_____
_____。

（2）教师选择教学方法的依据是什么？

_____
_____
_____
_____
_____。

6. 大组交流：小组发言人借助写着关键词的大白纸与全体同学分享本小组观点。

7. 教师点评每个学习小组的讨论结果。

课后作业

查阅相关资料，说明教学方法与教学目标、教学内容之间的关系。

课外阅读

1. 钟启泉、汪霞、王文静编著：《课程与教学论》，华东师范大学出版社2008年版。
2. 张华：《课程与教学论》，上海教育出版社2000年版。

单元五 学会教学

课节4 教学设计

【学习目标】 到本课节学习结束,你将能够:
1. 了解教学设计的含义。
2. 掌握教学设计的特点。
3. 掌握教学设计的内容和基本流程。

【预计时间】 90分钟。

【活动准备】

1. 小组成员分工:按需要分成主持人、发言人、记录人、报告人、音量控制人、材料保管人等。
2. 大白纸、记号笔。

【活动概览】

活动1 小讲座:教学设计的含义
活动2 操作设计:教学设计的内容和流程

活动1 小讲座:教学设计的含义

【活动目标】 了解教学设计的含义,掌握教学设计的特点。

【活动说明】

1. 教师应该避免"满堂灌",在与学员交流的过程,应该避免出现"话语霸权"的现象。
2. 教师讲座内容可参照本课节附件。

【活动过程】

1. 教师以小讲座的形式,介绍教学设计的含义、特点。
2. 学员就教学设计的相关问题,向教师提问和交流。

活动2 操作设计:教学设计的内容和流程

【活动目标】 掌握教学设计的内容,掌握教学设计的流程。

【活动说明】

1. 教师在指导学员阅读材料时,应着重引导学员认识各个要素的意义和地位。
2. 教师可以在阅读材料的基础上,举实例说明。

【活动过程】

1. 教师导言。
2. 学员阅读下面材料。

一般说来,组成教学设计模式的因素有以下八个方面:

（一）学习者需要的分析

教学系统同其他系统一样，都有一定的目标，教学目标确定的依据之一就是对教学系统环境的分析。这是系统理论中的一条重要原则——教学系统的目标应根据更大的教育系统的环境要求来确定，这是我们进行教学设计的逻辑起点。例如，在普通教育中，教学目标不仅要根据人的身心发展规律和特点的要求来确定，而且还要根据社会对人才培养的需要来制定。在成人、职业技术教育中，教学目标则应通过受训者所准备从事的职业、岗位的具体要求来确定。

由此可以看出，在制定教学目标之前，必须分析教学系统的环境，分析教学系统环境的过程，就是对学习需要的分析。我们只有在客观地分析学习需要的基础上，才能提出并确定教学设计课题的目标。同时，还有许多其他问题需要考虑。例如，开展教学设计具备哪些条件？有哪些不利因素？哪些因素必须考虑进去，哪些因素可以从次考虑？等等。总之，在学习需要的分析中，必须解决教师"为何教"，学习者"为何学"的问题。

（二）学习内容的分析

在教育目标指引下，各级各类学校都确定了培养目标。在培养目标的导引下，须确定课程目标，并具体设计课程；根据课程目标，确定大纲，选编教材；在此基础上，确定单元目标和课时目标。在确定目标的过程中，就要着重分析学习者需要学习哪些知识和技能，达到什么程度和水平，培养何种能力和态度，使其身心获得怎样的发展。学习内容的分析与学习者的分析密切相关，我们不仅要考虑教师如何教这些内容，更要考虑学习者怎样学习这些内容。总之，在学习内容的分析中，必须解决教师"教什么"，学习者"学什么"的问题。

（三）学习者的分析

奥苏伯尔和加涅等心理学家的研究表明，学习者对某项学习目标的学习已具备的知识和技能、了解和掌握的程度是教学工作成败的关键。这就告诉我们，搞好教学设计的蓝图，必须分析学习者在进入学习过程前所具有的一般特征，必须确定学习者的初始状态，必须注意学习者认知结构的特点，必须了解学习者的准备状况。因此，在教学设计时，要分析学习者的生理、心理特点，从事某项学习的知识和技能的储备状态，并据此进行教学设计。单纯地根据教学内容进行教学设计，而不考虑学习者的水平和能力，不可能获得良好的效果。总之，教学设计要以学习者为中心，时刻考虑"谁学"的问题。

（四）教学目标的设计

在对学习需要、学习内容和学习者分析结果的基础上，就需要对教学目标进行设计和编写。教学系统方法和现代教学理论强调，教学目标应该预先确定；教学目标应该说明学习结果，并以具体的、明确的术语加以表述；在教学活动前，必须把教学目标明确地告知学习者，使师生双方都明确教学目标，做到心中有数，以使教学、学习活动有的放矢。也有的专家（马杰，1962年）提出，应以学习者通过学习后所期望达到的行为改变的具体指标来确定教学目标，教学目标必须明确、具体。明确具体的教学目标有利于教学策略的制定和教学媒体的选择，同时也为教学评价提供了依据。

（五）教学策略的设计

教学目标确定后，就要进行教学策略的设计。教学策略是实现教育目标的重要手段，是教育设计研究的重点。教育策略主要研究下列问题：课程的类型与结构、教学的顺序与节奏、教与学的活动、教与学的方法、教学的形式、教学的时空安排、教学活动失效对策等方面问题。简言之，教学策略主要解决教师"如何教"和学习者"如何学"的问题。

教学策略的设计需要考虑诸多因素，我们必须创造性的开展教学设计工作，灵活地安排教学活动，巧妙地设计各个环节，合理地安排各种因素，使之形成一个优化的结构，以发挥整体功能，求得最大的效益，我们应遵循的原则是"低耗高能"。

（六）教学媒体的设计

过去可供选择的教学媒体仅仅是黑板、粉笔等。随着现代科技的迅猛发展，出现了越来越多的教学媒体。我们应该根据学习内容的需要、学习者的特征、教学目的的需要、教学策略的安排等选择最恰当的教学媒体。教学媒体有许多种类，各种教学媒体各有所长、各有所短，没有一种能对所有教学情境都适用的教学媒体，我们应遵循"经济有效"的原则来选择教学媒体。

不仅要选择教学媒体，还要具体设计教学媒体。教学媒体的设计是根据教学的实际需要和具体要求，将教学内容与方法转换为纸质的或视频等具体详细、具有可操作性的实施方案。以把学习内容充分展示给学习者，使学习者花费最少的时间，投入最少的精力，用最简洁的方式，获取最大的学习效果。

（七）教学过程的设计

通过以上三个环节和三个设计阶段，应着手设计教学过程。即用流程图的形式，简明扼要地表达各要素之间的相互关系，直观地表示教学过程，给教师提供一个可供参考的教学设计方案。

（八）教学设计的评价

经过以上各个环节，就得到了教学设计的初步产品，即教学方案。设计的教学方案能否带来理想的教学效果？学习需要、学习内容和学习者的分析是否正确？教学目标的确定是否具体明确？教学策略的设计是否合理？教学媒体的选择与设计是否有效？要回答这些问题，就必须对教学设计的成果进行评价。

我们采用形成性评价，也就是在设计成果推广使用之前，先在一定范围内试用，以期了解教学设计的可行性、有效性、实用性等效果。其中，教学目标的达成度是评价的主要方面。如果没有达到预期目标，则要修改设计方案，然后再试用、再修改，直到满意为止。也可采用总结性评价。

（资料来源：徐英俊著：《教学设计》，教育科学出版社2001年版。）

3. 小组根据阅读材料讨论下面问题，并由记录人用记号笔把小组讨论结果的关键词写在大白纸上。

（1）就阅读材料学习过程中的问题向教师提问。

_____

_____

_____

_____。

（2）简要阐述教学设计中各个因素的重要性。
_____
_____
_____
_____ 。

（3）根据阅读材料，讨论后填写下面的教学设计流程图。

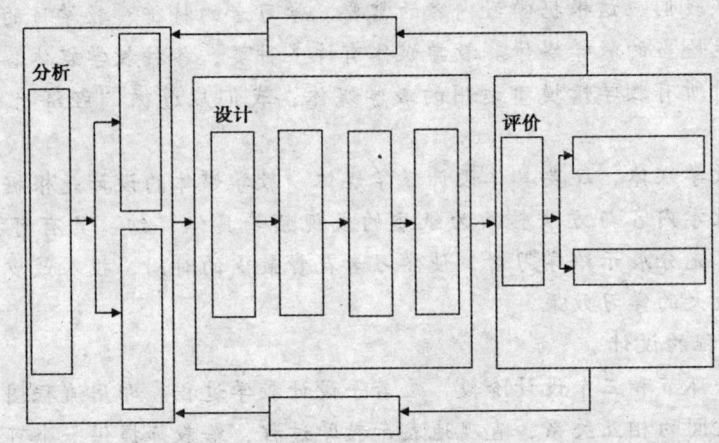

4. 大组交流：小组发言人借助写着关键词的大白纸与全体学员分享本小组观点。
5. 教师点评每个学习小组的讨论结果。

课后作业

1. 撰写小学语文课《丰碑》的教学设计。
2. 小组合作阅读以下著作中的一本，并总结归纳德育、德育目的的含义。
（1）檀传宝著：《德育原理》，北京师范大学出版社 2006 年版。
（2）[法] 爱弥儿·涂尔干著，陈光金等译：《道德教育》，世纪出版集团、上海人民出版社 2006 年版。
（3）鲁洁、王逢贤主编：《德育新论》，江苏教育出版社 1994 年版。
（4）[美] 杜威著，王承绪译：《德育教育原理》，浙江教育出版社 2003 年版。

课外阅读

1. 徐英俊著：《教学设计》，教育科学出版社 2001 年版。
2. 谢泽慧主编：《参与式教学》，西南师范大学出版社 2009 年版。
3. R.M. 加涅、L.J. 布里格斯、W.W. 韦杰著：《教学设计原理》，华东师范大学出版社 1999 年版。

 **相关链接**

1. 黄甫全、王本陆主编：《现代教学论学程》，教育科学出版社2003年版。
2. 陈玉琨著：《教育评价学》，人民教育出版社1999年版。

单元六
教人做人

★ **本单元概述及学习要点：**

教会学生做人是以德育为主的全面育人教育。德育是沟通学校道德生活与个体道德生活，促进学习者道德精神与道德智慧建构的一项心灵工程。从个体而言，人的成长历程就是道德品质形成和发展的过程。育人为本是教师的天职，要完成这一职责，首先应掌握育人的基本原则和操作方法，并通过班集体活动进行育人。

学习要点：

□ 道德概述
□ 品德的形成于发展
□ 德育原则
□ 德育方法

课节1 德育概述

【学习目标】 到本课节学习结束，你将能够：
1. 了解德育与德育目的的基本内涵；
2. 理解我国现行的德育目的；
3. 理解我国学校德育的主要内容。

【预计时间】 90分钟。

单元六 教人做人

【活动准备】
1. 小组成员分工：按需要分成主持人、发言人、记录人、报告人、音量控制人等。
2. 小组任选或教师指定每个小组交流和阐述的内容，并制作好演示文档。
3. 教师准备相关资料。

【活动概览】
活动1　学习共享：德育与德育目的
活动2　阅读与讲解：我国的德育目的
活动3　阅读交流：我国学校的主要德育内容

活动1　学习共享：德育与德育目的

【活动目标】 理解德育的含义与德育目的。

【活动说明】
1. 德育概念是我国大陆德育学界长期以来存在论争的一大"有中国特色"的问题。关于德育的概念，众说纷纭。学员通过课外阅读，在比较分析时，会产生一些疑问，这些疑问又会促使学员进行深入思考。
2. 德育的概念有狭义和广义之分。教师在进行小结时，根据小组代表的阐述，应做好归纳总结。
3. 在对德育概念理解的基础上，明确德育目的的含义。一般认为，教育目的是教育活动预先设定的教育结果和教育活动追求的终极目标，具体说来，是教育活动所要培养的人才质量的规格与标准。那么我们也可以认为，德育目的就是德育活动预先设定的结果和德育活动追求的终极目标，是德育活动所要生成或培养的品德规格。

【活动过程】
1. 教师导言：德育是我们时代的当务之急，但德育又是一个千古难题。德育是一个需要智慧也呼唤智慧的教育领域。那么，德育、德育目的的含义是什么？它们的意义何在呢？
2. 根据小组选择或教师指定的内容，小组代表阐述本组讨论内容，其他成员补充。
3. 教师小结。

活动2　阅读与讲解：我国的德育目的

【活动目标】 了解我国德育目的的历史，明确现行的德育目的。

【活动说明】
1. 我国的德育目的是随着社会需求而变化的，通过阅读资料，了解我国德育目的的历史沿革，在此基础上，教师讲解我国现行的德育目的，使学员加深对我国现行德育目的的理解。
2. 教师在小结时，应引导学员深入挖掘现行德育目的与以往德育目的的异同。

【活动过程】
1. 教师导言：新中国成立后，我国的学校德育目的随着社会的发展经历了不同的时期，表现出不同的特点。请同学们阅读以下资料,了解我国德育发展的历史。

2. 学员阅读以下资料。

我国德育目的的历史沿革[①]

（一）建国初期的学校德育目的

在1949年至1956年的这个时期中,我国教育面临的主要任务是改造旧教育、建立新的教育体系,德育也处于创建时期。

1949年9月,中国人民政治协商会议第一届全体会议通过了《中国人民政治协商会议共同纲领》。纲领对新中国的文化教育政策作出规定:中华人民共和国的文化教育为新民主主义的,即民族的、科学的、大众的文化教育;人民政府的文化教育工作,应以提高人民文化水平,培养国家建设人才,肃清封建的、买办的、法西斯主义的思想,发展为人民服务的思想为主要任务。这为新中国的德育确立了新民主主义的教育方针。在这一方针指导下,1952年教育部颁布了《小学暂行规程（草案）》和《中学暂行规程（草案）》。其中指出,小学教育的宗旨是"给儿童以全面的基础教育,使他们成为新民主主义社会热爱祖国和人民的、自觉的、积极的成员"。德育目标是"使儿童具有爱国思想、国民公德和诚实、勇敢、团结、互助、守纪律等优良品质"[②]。中学的德育目标是"发展学生为祖国效忠、为人民服务的思想,养成爱祖国、爱人民、爱劳动、爱科学、爱护公共财物的国民公德和刚毅勇敢、自觉遵守纪律的优良品质"[③]。不难看出,中小学的德育目标是培养具有"五爱"国民公德的新民主主义社会的成员。这一德育目标主要是道德品质方面的目标,同时也包括法纪品质的培养。

1953年我国开始实行第一个五年计划,进入社会主义改造时期,中小学德育面临新的要求。1954年5月29日,《人民日报》发表中宣部《关于高小和初中毕业生从事劳动生产的宣传提纲》,其中针对中小学教育的目的和任务指出:不论从小学还是中学毕业出来的人,都应该积极从事劳动生产,成为有政治觉悟、有文化教养的社会主义社会的建设者。1954年6月5日,政务院公布《关于改进和发展中学教育的指示》,指出中学的德育目标是"树立社会主义的政治方向,培养辩证唯物论世界观的基础和共产主义的道德。"[④]不难看出,在社会主义改造时期,学校德育目的已发生转变:对受教育者的人格要求由"新民主主义社会的成员"转变为"有政治觉悟、有文化教养的社会主义社会的建设者",而且开始强调培养受教育者的社会主义政治品质。

（二）社会主义全面建设时期的德育目的

1956—1966年是我国全面建设社会主义的时期。经历了前期的创建,学校德育在这一时期进入全面贯彻社会主义教育方针的时期,德育目的也随之发生变化。

1957年2月27日,毛泽东在《关于正确处理人民内部矛盾的问题》的讲话中提出:"我们的教育方针,应该使受教育者在德育、智育、体育几个方面都得到发展,成为有社会主义觉悟的、有文化的劳动者。"这是建国以来第一次明确提出社会主义教育

[①] 檀传宝:《德育原理》,北京师范大学出版社2006年版。
[②③] 何东昌编:《中华人民共和国主要教育文献（1949—1975）》,海南出版社1998年版。
[④] 《中国教育年鉴（1949—1981）》,中国大百科全书出版社1984年版。

的方针。它对我国的教育产生了重大影响，也极大地影响了学校德育。1958年中共八届二中全会指出，我国现阶段的主要矛盾仍然是无产阶级与资产阶级的矛盾。受其影响，1958年9月19日，中共中央国务院发布了《关于教育工作的指示》，明确提出：党的教育工作方针，是教育为无产阶级的政治服务，教育与生产劳动结合；为了实现这个方针，教育工作必须由党来领导。① 由此，学校德育明确了为社会主义政治服务的价值取向，也逐渐增强了对学生思想政治品质的要求。1959年7月16日教育部颁布的《教育部印发〈中等学校政治课教学大纲（试行草案）〉的通知》就指出："中等学校政治课的任务，是以培养共产主义道德和社会发展常识、政治常识、经济常识、辩证唯物主义常识、党的方针政策等内容教育学生，培养学生共产主义道德品质、工人阶级的阶级观点、群众观点和集体观点、劳动观点即脑力劳动和体力劳动结合的观点、辩证唯物主义观点，提高学生的思想政治觉悟，清除资产阶级思想的影响，发展独立思考、明辨是非的能力并为进一步学习马克思、列宁主义打下初步基础。"②

1960年中共中央提出国民经济"调整、巩固、充实、提高"的八字方针。受其影响，学校德育也进行了调整。1963年颁布了《全日制中学工作暂行工作条例（草案）》指出，中学的德育目标是"使学生具有爱国主义和国际主义精神，具有共产主义道德品质，拥护共产党的领导，拥护社会主义，愿意为社会主义事业服务、为人民服务；逐步培养学生的工人阶级的阶级观点、劳动观点、群众观点和辩证唯物主义观点。"③ 同年颁布的《全日制小学工作暂行工作条例（草案）》指出：小学的德育目标是："使学生具有爱祖国、爱人民、爱劳动、爱科学、爱护公共财物等品德，拥护社会主义，拥护共产党。"④

这一时期，受"左"倾政治运动的影响，德育的政治化倾向突出。这导致德育目的非常强调培养学生的思想政治品质，基本道德品质和个性的培养被忽视。

（三）"文革"时期的德育目的

1949—1966年间，我国的学校德育逐渐走上政治取向的道路，学校德育的价值取向出现扭曲和偏离。这种偏离在十年"文革"期间走向了极端。

1966年5月7日，毛泽东在给林彪的信中提到"学生也是这样，以学为主，兼学别样。即不但学文，也要学工、学农、学军，也要批判资产阶级。学制要缩短，教育要革命。"这就是有名的"五七指示"，它成为"文革"期间教育的指导方针。受其影响，教育与社会革命紧密地结合起来，参加到反复辟、批判资产阶级夺权的革命中。学校复课闹革命，开展批判封建主义的教育思想，批判资本主义思想和资产阶级的生活方式，批判修正主义的教育路线的运动。学校德育变成服务于无产阶级政治斗争的工具，变成纯粹的政治教育，其内容就是学习毛主席语录。由此，"政治态度"、"路线觉悟"成为德育对受教育者的唯一要求，德育的目的就是培养反修防修的战士，培养无产阶级革命事业的接班人。一篇题为《为使学校成为无产阶级专政的工具而奋斗》的文章指出"把学校改造成为无产阶级专政的工具，其

---

① 《中国教育年鉴（1949—1981）》，中国大百科全书出版社1984年版。
②③④ 何东昌编：《中华人民共和国主要教育文献（1949—1975）》，海南出版社1998年版。

根本意义就在于它能够造就一批又一批为巩固无产阶级专政而战斗的坚强战士,能够加强对一切剥削阶级意识形态的有效专政。"①

"文化大革命"的十年中,学校教育受到了严重的破坏。智育被抛弃,德育严重被扭曲,丧失了培养人、塑造人的灵魂这一根本特性,沦为政治斗争的工具,很多做法违背了基本的教育规律,对受教育者的身心和品德发展造成摧残,德育走入了歧途。

(四)改革开放以来的德育目的

1978年党的十一届三中全会后,国家展开全面的拨乱反正,教育进入了恢复和新的发展时期。

1985年5月17日,国务院副总理万里在全国教育工作会议上讲话,指出"教育体制改革的根本目的是提高民族素质,多出人才、出好人才。所谓'好人才',一句话,就是新时代需要的人才……这个时代需要的人才,应该是有理想、有道德、有文化、有纪律,热爱社会主义祖国和社会主义事业,具有为国家富强和人民富裕而艰苦奋斗的献身精神,应该不断追求新知,具有实事求是、勇于创造的科学精神……具有勇于思考、勇于探索、勇于创新的精神和民主的作风。"② 随后,这个思想体现在中共中央发布的《关于教育体制改革的决定》中。1986年4月12日,六届人大四次会议通过《中华人民共和国义务教育法》。规定"义务教育必须贯彻国家的教育方针,努力提高教学质量,使儿童、少年在品德、智力、体质等方面全面发展,为提高全民族的素质,培养有理想、有道德、有文化、有纪律的社会主义建设人才奠定基础。"

1988年12月25日颁布了《中共中央关于改革和加强中小学德育工作的通知》。指出"现在的中小学生是二十一世纪社会主义建设的主力军。他们的思想道德和科学文化素质状况,不仅是当前社会文明程度的体现之一,而且对我国未来的社会风貌、民族精神有着决定性的影响。从现在起,就必须努力把他们培养成有理想、有道德、有文化、有纪律的一代新人。"这总体上反映了我国这个时期的德育目的。据此,1993年,国家教委颁布了《小学德育纲要》规定小学的德育目标,是"培养学生初步具有爱祖国、爱人民、爱劳动、爱科学、爱社会主义的思想感情和良好品德;遵守社会公德的意识和文明行为习惯;良好的意志、品格和活泼开朗的性格;自己管理自己、帮助别人、为集体服务和辨别是非的能力,为使他们成为德、智、体全面发展的社会主义事业的建设者和接班人,打下初步的良好的思想品德基础"。1995年,国家教委颁布了《中学德育大纲》。规定中学的德育目标,是"把全体学生培养成为热爱社会主义祖国的具有社会公德、文明行为习惯的遵纪守法的公民。在这个基础上,引导他们逐步树立科学的人生观、世界观,并不断提高社会主义思想觉悟,使他们中的优秀分子将来能够成长为共产主义者。"

从上面的内容可以看出,改革开放三十多年来,我国学校德育目的的政治化倾向较之以前已有弱化,对受教育者的品质要求也发生改变。除了思想政治品质之外,还强调道德品质和法律品质,而且在"五爱"的基础上加上了"四有"。

纵观此前我国学校的德育目的,可以看到,德育经历了为新民主主义社会服务,到为无产阶级政治服务、为无产阶级政治斗争服务,又到为社会主义现代化建设服务的过程。这期

---

① 何东昌编:《中华人民共和国主要教育文献(1949—1975)》,海南出版社1998年版。
② 《中国教育年鉴(1982—1984)》,中国大百科全书出版社1986年版。

间,德育目的的价值取向经历了政治取向渐趋增强——→极端发展——→开始弱化的过程,受教育者的品德要求也由单纯的"五爱"的国民公德,发展到纯粹的政治品质,最后发展到对以"五爱"为基础的"四有"。德育目的的沿革反映了我国社会发展对德育需求的变化。

3. 教师讲解:我国现行的德育目的。
4. 教师小结。

 **活动3　阅读交流:我国学校的主要德育内容**

【活动目标】　理解我国学校的主要德育内容。
【活动说明】
1. 在教师讲解和呈现相关资料的基础上,让学员进行归纳总结,一方面可以训练学员的逻辑思维能力,另一方面可以发挥学员学习的积极性和主动性。
2. 小组在归纳总结时,限制在4点~6点,尽量归类。
3. 教师在小结时,要注意结合小组交流的内容,首先把大家认同的内容提炼出来;其次要能够进行演绎,即把大家总结出来的内容再融化到教师讲解的内容中;最后,教师还应补充当前德育内容的新课题,如:诚信教育、感恩教育、生命教育、信仰教育等。

【活动过程】
1. 教师导言:任何德育都要借助一定的内容培养受教育者的品德。德育活动所要传授的具体道德价值与道德规范及其体系就是德育内容。① 出于不同因素的考虑,学校德育有不同的内容。
2. 教师讲解与呈现资料。我国政府对中小学的德育内容历来都有统一的规定。目前,新一轮的德育课程改革已颁布了新的德育课程标准(含《品德与生活》、《品德与社会》、《思想品德》等),本课节主要以其为依据对我国现行的学校德育内容展开分析。同时,参照原国家教委于1993年和1995年颁布的《小学德育纲要》和《中学德育纲要》中规定的德育内容,以确保分析的相对准确性。

《品德与生活》的内容标准涉及四个方面:健康、安全地生活,愉快、积极地生活,负责任、有爱心地生活,动脑筋、有创意地生活。健康、安全地生活体现在养成良好的生活和劳动习惯;有初步的自我保护意识和能力;适应并喜欢学校生活。愉快、积极地生活体现为愉快、开朗、积极向上;有应付挑战的勇气。负责任、有爱心地生活体现为诚实、友爱;遵守社会规范;爱家乡、爱祖国。动脑筋、有创意地生活体现为有创造的愿望和乐趣;动手、动脑;养成探究的习惯,学习探究的方法;获得知识,积累经验。②

《品德与社会》以儿童的社会生活为主线,将品德、行为规范和法制教育,爱国主义、集体主义和社会主义教育,国情、历史和文化教育,地理和环境教育等有机融合,引导学生通过与自己生活密切相关的社会环境、社会活动和社会关系的交互作用,不断丰富和发展自己的经验、情感、能力、知识,加深对自我、对他人、对社会的认识和理解,并在此基础上

---
① 檀传宝著:《学校道德教育原理》,教育科学出版社2003年版。
② 参见《全日制义务教育品德与生活课程标准》,北京师范大学出版社2002年版。

养成良好的行为习惯,形成基本的道德观、价值观和初步的道德判断能力。[1]

《思想品德》围绕成长中的我,我与他人的关系,我与集体、国家和社会的关系三大主题设计德育内容。"成长中的我"的内容是:认识自我、自尊自强、学法用法。"我与他人的关系"的内容涉及交往与沟通、交往的品德、权利与义务三个方面。"我与集体、国家和社会的关系"的内容涉及积极适应社会的发展与进步;承担社会责任;法律与社会秩序;认识国情、爱我中华四个方面。[2]

3. 小组讨论交流,根据以上内容,用比较简洁的语言将目前我国的德育内容进行归纳总结。

(1) _____。
(2) _____。
(3) _____。
(4) _____。
(5) _____。
(6) _____。

4. 全体学员交流,小组代表发言。
5. 教师小结。

 **课后作业**

小组合作,阅读《德育与班级管理》(檀传宝主编,高等教育出版社2007年版),第17~24页,并回答以下问题:

(1) 品德的概念。
_____
_____。

(2) 品德与道德的联系与区别。
_____
_____
_____。

(3) 品德心理的构成要素及其含义。
① _____
_____。
② _____
_____。
③ _____

---

[1] 参见《全日制义务教育品德与社会课程标准》,北京师范大学出版社2002年版。
[2] 参见《全日制义务教育思想品德课程标准》,北京师范大学出版社2003年版。

_____。

④_____
_____。

课外阅读

1. 檀传宝著：《德育原理》，北京师范大学出版社2006年版。
2. 檀传宝著：《学校道德教育原理》，教育科学出版社2003年版。
3. 何东昌编：《中华人民共和国主要教育文献（1949—1975）》，海南出版社1998年版。
4. 《全日制义务教育品德与社会课程标准》，北京师范大学出版社2002年版。
5. 《全日制义务教育思想品德课程标准》，北京师范大学出版社2003年版。
6. 《全日制义务教育品德与生活课程标准》，北京师范大学出版社2002年版，第7~10页。

相关链接

1. 瞿葆奎：《教育学文集·教育目的》，人民教育出版社1989年版。
2. 鲁洁、王逢贤：《德育新论》，江苏教育出版社2000年版。
3. 檀传宝著：《德育原理》，北京师范大学出版社2006年版。
4. 檀传宝著：《学校道德教育原理》，教育科学出版社2003年版。

课节2 道德品质的形成和发展

【学习目标】 到本课节学习结束后，你将能够：
1. 理解品德的心理结构
2. 掌握道德品质的形成与发展过程

【预计时间】 90分钟。

【活动准备】
1. 学习小组准备好上节"课后作业"的演示文档，并选出一位发言人。
2. 全班选择一位计时员，每个小组的发言时间限制在3分钟以内。
3. 教师准备相关资料。
4. 小组成员分工：按需要分成主持人、发言人、记录人、报告人、音量控制人等。

【活动概览】
活动1 学习共享：品德及其要素
活动2 情境分析：学生品德形成与发展的基本过程（一）
活动3 情境分析：学生品德形成与发展的基本过程（二）

活动1　学习共享：品德及其要素

【活动目标】　初步理解品德的概念和构成要素。
【活动说明】
1. 由于时间有限，教师可以根据实际情况，指定每个小组的发言主题或内容。
2. 在小组代表发言之前，教师应事先检查每个小组的上节课后作业完成情况，以免准备不充足。
【活动过程】
1. 教师导言：我们经常说到"道德"与"品德"两个概念，二者含义是否一致？有何区别？请大家根据已经完成的上节课后作业进行阐述。
2. 小组代表依次发言。
3. 教师小结。

 活动2　情境分析：学生品德形成与发展的基本过程（一）

【活动目标】　理解品德形成与发展的基本过程。
【活动说明】
1. 当学员获得了有关品德及其品德构成要素的知识后，设计这样一个情境，是为了让学员能够把理论和实践结合在一起。
2. 如果学员没有回答出来问题时，教师应适当启发与引导学员。
【活动过程】
1. 教师导言：通过学习共享，大家已经知道了品德的概念与构成要素。其实，学生品德的形成是社会通过各种渠道把道德规范传递给年轻一代的过程，也是学生在群体生活中通过自己的实践由被动到主动去掌握这些规范并形成道德行为习惯的过程。就个体而言，品德的形成是一个极其复杂的过程。让我们通过情境故事进行初步分析。
2. 学员阅读下面的情境故事，并讨论问题。

班会课上，根据学校的布置，我动员学生积极开展"学雷锋，树新风，送温暖，做好事"活动，把文明礼貌的种子撒向社区。听完我的话，学生们不约而同地把目光投向小飞，请他先发言。小飞用手挠着头皮，想了想，忽地站起来说："没问题，我再去捡钱！"

"哈哈！"全班同学哄堂大笑。我也被他这天真、幼稚的回答逗笑了。为什么小飞说又要去捡钱呢？这里还有一段"故事"。原来，有一次小飞在学校附近拾到600元人民币，他当即把钱交到附近单位的保卫科，他也因此被授予"拾金不昧好少年"的光荣称号，学校曾对此进行过大力宣传。很多学生在写好人好事的作文时，都以小飞捡钱这件事为题材。在一些学生看来，学雷锋做好事，就是像小飞那样拾金不昧。这不，前几天有个学生拾到一件毛线衣，交给我时一个劲地追问值多少钱。我奇怪地问他原由，他振振有词地说："我捡到的东西贵，意义就大，受到的表扬也就大。"

看来"好人好事"如今有些变味了，有必要进行一次教育，端正学生们的认识。就在我思忖之际，一个女生哭哭啼啼地跑来告状："陈老师，你们班的同学抢我的小刀！"

单元六 教人做人

这是怎么回事？我到班里一问，竟然是小飞他们干的。原来，这个女生不小心将小刀掉在地上，小飞捡起来就跑。小女孩在后边追着要他也不给，而是一口气跑到班长那儿，在"好人好事登记本"上记了一次"拾物交公"。

得知这一切，我真是又好气又好笑，继而陷入了深思。为什么学生做好事会变味呢？在我看来，这个年龄段的学生刚开始认识世界，思想单纯，他们的行为往往带有盲目性，这时候如果不进行正确的引导，只注重结果，而不注重过程，就可能使学生误入歧途。经过认真的思考，我觉得在组织学生学雷锋、做好事时，不能只满足于统计做好事的件数和人次，也不能一味地表扬好事做得多的学生。否则，学生就会单纯为了受表扬去做好事甚至不惜弄虚作假。

这天放学以后，我找到小飞，翻着"好人好事登记本"对他说道："你最近做了不少好事嘛。""嗯。"他昂着头，很高兴地望着我。我冲他赞许地点点头，随即话锋一转："可今天却有人说你抢了人家的小刀。""不是抢的，"小飞分辩道："是她跳绳时掉在地上，我捡了交给班长的！""哦，可你明明看见是别人掉的东西，为什么不当面交还呢？"小飞低着头不吭声了。我接着说："你这样做，把同学都急哭了，对吗？"他摇了摇头。我说："学习雷锋叔叔，是要学习他助人为乐的精神。雷锋叔叔可不是天天捡东西交公啊，他走到哪儿，好事就做到哪儿，而且从来不留姓名——他可不是为了要表扬。"最后，我从书架上拿出《雷锋日记》和《雷锋的故事》两本书递给他，让他读完后想一想，雷锋叔叔做好事时是怎么想的。

几天后的一个傍晚，我外出开会回校，远远地看见一个人站在我班教室的窗台上擦玻璃。仔细一看，是小飞，多可爱的孩子啊！第二天，我故意没当众表扬小飞，而是让大家猜猜是谁把窗户擦得这么干净。我悄悄地观察小飞的反应，他只是一个劲儿地笑着，却什么也没有说。那天放学后，小飞交给我一篇读书心得，上面写着"看了雷锋叔叔的事迹，我懂得了好事不分大小，只要是对大家有利的事，就要去做。最值得我学习的是雷锋叔叔做好事不留名的精神！"抓住这件事，在不久后的一次班会课上，我读了小飞的学习心得，号召大家甘当无名英雄，像雷锋叔叔那样，从点滴小事做起。

"榜样的力量是无穷的。"在接下来的一段时间里，班里的"无名英雄"越来越多：讲台上出现了几瓶蓝色墨水；教室后面钉起了一排供大家挂雨伞用的木板钉；一个学生手摔骨折了，每天都有同学帮他买饭、洗碗、抄笔记。所有这些，都是同学们不声不响地做的。如今，记在登记本上的好人好事少了，但做好人好事的学生却多了。我知道，文明的种子正在孩子们幼小的心灵中萌芽⋯⋯

（资料来源：陈凤环："好人好事为什么少了"，载《人民教育》2007年第23期，第15～16页。）

请小组讨论交流：这个情境通过小飞的转变向我们展示了学生品德形成的过程，这一过程包括了哪些内容？

_____

_____

_____。

3. 教师请一个小组的学员回答，其他小组补充。

4. 教师引导、补充。

5. 教师小结。

活动3 情境分析:学生品德形成与发展的基本过程(二)

【活动目标】 深刻理解学生品德形成与发展的过程及基本原理。

【活动说明】

1. 学生道德品质的形成与发展是十分复杂的,通过案例分析,不仅让学员能够感悟每一环节的发展变化,而且为他们以后从事德育工作提供了可以借鉴的范式。

2. 由于这一活动承载的内容比较多,教师在小结时,应注意强调每一环节应注意的具体事项。

【活动过程】

1. 教师导言:学生品德的发展一般是从知(即道德认识)开始,是沿着知、情、意、行的内在发展顺序进行的。但这并不是一个固定不变的模式,它们之间的组合关系经常发生变动,即品德的培养可以以任何一个环节为开端着手进行,不过无论怎么变动,始终是构成品德的心理成分共同发生协同作用的一个综合的过程。因此,在教育上,应当使品德的这些基本心理成分都得到相应的发展。

2. 教师强调"活动1"中学员对道德认识、道德情感、道德意志、道德行为概念的解释,并补充各自的作用。

3. 学员阅读以下案例,并回答问题。

案例一

记得在教《十里长街送总理》重点部分——送灵车时,我提出这样一个问题:"灵车渐渐地远去了,这意味着什么?"学生争相回答:"总理永远离开了我们","人们对周总理的不舍与怀念"……忽然,一个十分淘气的学生自言自语道:"咳,有什么了不起的,不就是玩完了吗?"话音刚落,有些同学禁不住笑出声来。此时,我不动声色地说:"的确,人固有一死,但死的意义是一样的吗?如果大家对周总理还不够了解,那你们一定知道著名的抗金英雄岳飞吧,他的死和秦桧一样吗?""当然不一样!"孩子们纷纷举手。"岳飞是大英雄,他是被奸人害死的,人们永远纪念他。""秦桧是个奸臣,他老婆和他狼狈为奸,他们死有余辜!"……看着孩子们的讨论热火朝天,我在黑板上写下了"青山有幸埋忠骨,白铁无辜铸佞臣"的联句,并加以解释。尔后,又写下了文天祥的千古绝句:"人生自古谁无死,留取丹心照汗青。"又引用和解释了"人固有一死,或重于泰山,或轻于鸿毛"和"其人虽已殁,千载有余情"等相关诗句。此时,孩子们已非常激动,争相说出了更多的诗句:"鞠躬尽瘁,死而后已"、"生当做人杰,死亦为鬼雄"、"我自横刀向天笑,去留肝胆两昆仑"……这时候,我又将孩子们的思路拉回到课文中来:"同学们,听了你们的发言,苏老师真为你们感到骄傲,因为你们都有一个明辨是非、爱憎分明的大脑。苏老师认为,中国自古到今,堪称鞠躬尽瘁、死而后已者只有两人。古有诸葛孔明,今有周恩来。甚至可以说,周总理有过之而无不及……周总理一生致力于中华民族的伟大复兴,他逝世时,联合国降半旗致哀。当有的国家提出异议时,联合国发言人给了这样的解释:中国是一个人口大国,周恩来却没有一个属于自己的孩子;中国的经济在全面稳定地发展,周恩来却没有一分钱的私人存款。作为一国总理,还有比这更让人佩服的么?所以,当周总理离开人们时,才有了十里长街送总理这感天动地的一幕。"言毕，刚才那个调皮的学生高声说道："苏老师，我明白了。人生自古谁无死，留取丹心照汗青。总理虽已殁，千载有余情。"顿时，全班响起了一阵热烈的掌声。

（资料来源：苏静著：《麻辣学生酷老师》，福建教育出版社2005年版，第31~32页。略有改动。）

苏老师通过语文课堂教学，不仅让学生学到了文化知识，更让学生明辨了是非，树立了正确的人生观、价值观、生死观。这一过程是学生品德形成的_____环节。

案例二

一位老师讲读《金色的鱼钩》这篇课文。当讲到老班长光荣牺牲的时候，这位老师饱含深情地说："老班长就这样死了——他是为了完成党交给的任务，一路上忍饥挨饿，把野菜汤这唯一的食物让给病号和小战士吃，自己被活活饿死的。他把生的希望让给了战友和晚辈，把死留给了自己。他对党是多么忠诚，对战友和晚辈是多么热爱，他的心地是多么宽广无私，他的情操是多么崇高！生活在新时代的我们应该怎么做呢？"几句话激起了学生的感情波澜，有的饱含热泪，有的掩面抽泣。突然，一个学习成绩很好的男同学站起来，一边哭泣一边批评自己由于担心同学们的学习成绩超过自己，不愿意帮助同学，有时还故意让同学出错，这是狭隘、自私的表现，并表示今后要向老班长学习，坚决改掉自己的坏毛病。这情景，出乎这位老师的意料之外，她被感动得热泪盈眶，说不出一句话。

（资料来源：傅道春编著：《情境心理学》，东北师范大学出版社1997年版，第279~280页。）

这位老师充满感情色彩的讲解以及课文中道德榜样的力量，大大激发了学生的_____，收到了意想不到的效果。

案例三

班主任沈家南老师向全班学生提出人人要为集体作出贡献的要求。班上有个小魏同学由于平时自由散漫惯了，自暴自弃地说："我能作什么贡献？决心书、检讨书、保证书，我不知写了多少了！"沈老师向他指出：只要从小地方做起，还是可以为集体作贡献的；并说只要你一天不骂人，这一天就算表现好。他高兴了，与教师讲好每天下午5点钟来汇报。可是第二天5点钟过了，还迟迟不见他来，老师就去找了他，他低着头说："我熬不住了，失败了。"沈老师鼓励他说："别灰心，你比过去进步了，过去你骂人还强调理由，气粗喉咙大，现在知道难为情了，明天再争取吧。"这个学生原以为会挨批评，结果却得到了鼓励，他决心努力改正。第二天，他不到5点就高高兴兴地向老师报告，这一天没有骂人。教师肯定了他的进步，并给他讲张海迪的故事，告诉他："当你感到最苦、最累、最困难、快要坚持不下去的时候，再咬咬牙坚持下去，你的意志就坚强了。"当他做到一个星期不骂人的时候，教师又在班上表扬了他，说明他正在以自己的实际行动为集体作出贡献，并宣布，如果他一个月不骂人，就奖励他。结果他做到了。

（资料来源：傅道春编著：《情境心理学》，东北师范大学出版社1997年版，第281页。）

该情境中的沈老师正是在培养小魏的道德意志上下了工夫。当小魏表现出道德意志薄弱时，沈老师对他进行了有针对性的道德意志锻炼。请根据案例说明沈老师是如何做的？

沈老师的做法是：

_____
_____。

案例四

（在山区实践活动的）第三天，我们当了农民，当了回真正的农民——真实却又简简单单。我们扛着锄头，顶着烈日。有些同学把种地想得太简单，一锄头下去，重重地插入了泥土，却怎么也提不起来了。其实，只要把锄头往斜上方轻轻地一推再一提，它就乖乖地出来了——这就是杠杆原理的一个小小的应用。看来生活中处处都是知识，科学技术是第一生产力。晚上吃饭的时候，我们吃得特别香，望着那雪白的米饭，大家都不约而同地想起了那首诗"锄禾日当午，汗滴禾下土……"，第一次用自己的心领悟了它的含义。我想：同学们在学校里再也不会浪费粮食了。

在下午的采茶活动中，我们一开始很高兴，但是，随着筐子里的茶叶一点点地增加，我们有的人开始感到腰酸，脖子也有点僵了，只好停一停，舒活一下筋骨，再接着采。采了一下午，可筐子中只有浅浅的一层茶叶，交给老师检查时又被扔掉了不少不及格品，本来就不多的茶叶就更加少了。回到基地，还要炒茶，水份蒸发后，茶叶就显得更少了，本来浅浅的一层，现在连筐底的一半都盖不住了。这时我们才感到，其实采茶是很辛苦的，采整整一天，有时连一盒茶叶也不够。

（资料来源：采荷中学学生社会实践活动总结，http://www.hzchzx.net/。）

学生通过社会实践活动，感知了劳动的辛苦，理解了粮食的来之不易，并在行动中表现出"再也不会浪费粮食了"。这就是_____的训练。

4. 教师小结。

课后作业

请运用本课节所学知识分析评价以下教育事例，并以"教师与学生良好行为的养成"为题，写一篇 1000 字左右的论文。

开学了。这是初一七班组成的第一天。这些从长征小学、胜利小学等十几所小学，带着各自从小养成的种种习惯聚集在这间教室里的孩子，他们齐刷刷地看着他们的新班主任魏书生老师。魏老师讲了许多，讲了学校的要求，班级的要求，讲了少年人应当有理想、有志气。他们有的听懂了、记住了，有的或者不大明白，还没记住。最后，魏老师说："还有一项要求，只有三个字，我说出来，请大家记住并且一定要做到。如果我发现我们班级里有一个同学疏忽了，忘记了，他一时没有做到，那么，我就要把这三个字重复一遍，做一次提醒。"

魏老师说出了这三个字，只有三个字！

班级里发生了一些轻微的响动，但很快就平静了下来。

魏老师用欣慰的目光把整个教室里的每一个同学扫视了一遍，微微地点了点头。

突然，魏老师点了一个同学的名字：

"刘志军！"

"到！"

大家惊讶了！难道魏老师要批评他吗？刘志军自己也不明白出了什么事。只听魏老师语调平静地说："刘志军，老师给你个任务：从今天开始，每当我提起那三个字时，你就加上一个数，由你来统计一下，看看到毕业前，到底需要老师提醒多少次？行吗？"

"行，老师，我一定做到。"

刘志军坐下了，这三个字在他脑子里首先有了最深的印象。

可是，全班有那么多人，并不是每一个都能记得很牢的呀！

这样，说不上什么时候，魏老师就提出了那简短的三个字！

刘志军笔一动，改了一个数字。

刘志军坐在最后一排，每当老师提醒之后他的笔一动，大家又一次加深了印象。

过了段时间，魏老师问：

"刘志军，多少次了？"

"16次了。"

又隔段时间，魏老师又问。

"45次。"

"70次。"

……

这样，教室里差不多所有的同学，只要眼光碰上了刘志军，就想起了老师那一次又一次的提醒。

毕业前，刘志军向大家宣布："魏老师提醒了116次。"

这三字是什么呢？那就是——"坐如钟"！

为了一项良好习惯的养成，魏老师"恒"下一条心，办法实在新。待到习惯成了自然之后，就无需再做什么提醒了。这样做的结果是：全班初一时视力正常的84人，到毕业时只有1人视力稍有减退。

课外阅读

1. 檀传宝著：《德育与班级管理》，高等教育出版社2007年版，第17～21页。
2. 檀传宝著：《学校道德教育原理》，教育科学出版社2003年版。

相关链接

1. 檀传宝著：《德育与班级管理》，高等教育出版社2007年版，第17～21页。
2. 中国德育资源网，http：//www.516xz.cn/Index.html。
3. 班主任，http：//www.banzhuren.com/。
4. 班主任中心——为您服务教育网，http：//www.wsbedu.com/jia/banmaster.asp。
5. 班主任之友，http：//www.bzrzy.cn。

课节3 德育方法

【学习目标】到本课节学习结束后,你将能够:
1. 了解德育方法的意义
2. 掌握说服教育法的基本技巧
3. 掌握榜样教育法的基本要求

【预计时间】180分钟。

【活动准备】
小组成员分工:按需要分成主持人、发言人、记录人、报告人、音量控制人、材料保管人等。

【活动概览】
活动1　头脑风暴:谈谈自己认为比较好的德育方法
活动2　找奥秘:说服教育法
活动3　案例分析:榜样示范法
活动4　讲故事:陶冶教育法
活动5　情境模拟:实践锻炼法
活动6　讨论交流:品德评价法

活动1　头脑风暴:谈谈自己认为比较好的德育方法

【活动目标】　了解德育教育的方法。

【活动说明】
本活动是建立在学员间接经验基础上的,教师根据大家所说的,按照选择的多寡进行排列,然后进行集中分析。

【活动过程】
1. 教师导言:有教必有法。在道德教育中,不存在没有任何方法的教育。一个有经验的老师往往在面临具体的德育现象时,能够做到从容不迫,有条不紊,甚至不假思索地进行应对。他们的不假思索,其实都是在反复权衡德育目标后,在内心自觉作出的最有效选择的结果。任何德育目标的实现,都离不开方法的协助。

2. 请大家回忆自己在中小学时代,教师是如何对自己或对班级其他同学进行教育的,将主要方法写在下面的椭圆内,想到多少填多少,并不要求把所有椭圆都填满。

3. 教师在黑板上记录并统计每一种方法的数量,学员自由回答。

4. 教师小结。

活动2　找奥秘:说服教育法

【活动目标】掌握说服教育法的目的与基本技巧。

【活动准备】
1. 教师选择五位学员表演情景剧：偷果子结下缘份（见附件中的脚本）。
2. 要求其他人注意观看，积极思考。

【活动说明】
1. 说服教育的基本精神是重视对学生进行正面教育，在进行情境排练时，教师应注意指导，尤其是园艺家米丘林的扮演者，态度一定要和蔼可亲。另外，还应安排一个旁白，说明故事的起因与结果。
2. 说服教育的技巧有多种，在全班交流时，学员可以自由回答。
3. 教师在小结时，可以采用恰当的语调呈现：说服与说教、压制与强迫之间的区别。

【活动过程】
1. 教师导言：在学校的日常教育中，说服是最常见的一种方法。请大家观看下面的情景表演，并思考问题。
2. 五位学员进行情景模拟表演。
3. 小组共同找奥秘：为什么情境中的"园艺家"能够说服"小首领"？他的技巧有哪些？
原因：＿＿。

他的技巧有：
① ＿＿＿＿＿＿＿＿＿＿＿＿＿＿＿＿＿＿＿＿＿＿＿＿＿＿＿＿＿＿＿＿；
② ＿＿＿＿＿＿＿＿＿＿＿＿＿＿＿＿＿＿＿＿＿＿＿＿＿＿＿＿＿＿＿＿；
③ ＿＿＿＿＿＿＿＿＿＿＿＿＿＿＿＿＿＿＿＿＿＿＿＿＿＿＿＿＿＿＿＿；
④ ＿＿＿＿＿＿＿＿＿＿＿＿＿＿＿＿＿＿＿＿＿＿＿＿＿＿＿＿＿＿＿＿；
⑤ ＿＿＿＿＿＿＿＿＿＿＿＿＿＿＿＿＿＿＿＿＿＿＿＿＿＿＿＿＿＿＿＿。

4. 全体学员交流。
5. 教师小结。

活动3 案例分析：榜样示范法

【活动目标】掌握榜样示范法的目的与基本技巧。

【活动说明】
1. 由于案例中所涉及的问题是隐含的、间接的、非逻辑的，因此，教师应强调学员认真阅读，仔细分析。

2. 教师应重视小组的讨论，尽量让每一个人有发表自己观点的机会。

【活动过程】

1. 教师导言：请大家分析以下案例，并进行思考。
2. 阅读案例，并思考问题。

当我在班长惊慌失措的呼叫中冲进教室时，眼前一片狼藉：有几个书桌被掀倒了，乱七八糟的东西洒了一地。彭伟发疯似地将董海按在地上，旁边的同学没有一个上前劝阻。我已不清楚自己是怎样费了九牛二虎之力将彭伟连拖带拉揪进办公室的。眼下他虽然没有再次挣脱我的意思，但那涨红的脸孔，歪在一边的脑袋，尤其是紧握着的拳头，说明他并不服气。我顺手抓起桌子上的粉笔盒，可粉笔盒并没有从我手中飞出。在这几乎撞出火来的僵持中，他那更带敌视的倔强的目光使我猛然间清醒过来。我怎么这么冲动，差点闯祸！于是我慢慢放下手中的粉笔盒，打来一盆水浸湿了毛巾，替他擦去满脸汗水，又为他掸去身上的尘土，搬过一个凳子拉他坐下。他没有任何表情，完全任我摆布，但我明显地感到他不再与我为敌了。我尽量用温和的语气向他发话。沉默了片刻，他迸出两个字："他坏。"虽只两个字，但他终于愿意说话了。

我们面对面谈了很多很多，谈到他的孤独、他的倔强以及作为学生应该遵守的校纪校规，他露出惭愧的神色……

在《周记》中他写下这样的句子："老师，我不怕您的力气，但我怕您亲切的态度和语调，我不会使您失望。"

（资料来源：傅道春编著：《教育学——情境与原理》，教育科学出版社 1999 年版，第 368～369 页。）

3. 小组讨论交流以下问题：

（1）案例中的榜样是_____。

（2）现实社会中，除了教育者的榜样示范方式外，还有哪些方式？_____、_____、_____、_____等。

（3）试分析榜样应具备的基本条件有哪些？

① _____；
② _____；
③ _____；
④ _____；
⑤ _____。

4. 全体学员交流。
5. 教师小结。

活动 4　讲故事：陶冶教育法

【活动目标】　掌握陶冶教育法的基本要求。

【活动说明】

1. 活动设计为讲故事，目的是让学员在讲故事的过程中，一方面体会陶冶教育法的本质，另一方面实现在陶冶中进行陶冶。
2. 教师在小结时，应根据学员所讲的故事，说明陶冶教育法的主要类型，如人格感化、环境陶冶、艺术陶冶等。

【活动过程】

1. 教师讲解：陶冶是通过创设良好的情境，潜移默化地培养学生品德的方法。它表现为非强制性、愉悦性、隐蔽性和无意识性。一般来讲，既不向学生传授系统的道德知识，也不对他们提出明确的要求，而是寓教育于情境之中，通过按教育要求预先设置的情境来感化与熏陶学生。

2. 请大家阅读下面的资料，并思考陶冶教育法的基本要求。

父母恩情深似海

在教学《父母恩情深似海》一课时，教师以一个真实的故事导入新课，将学生带入"父母深爱孩子"的情境中。

"1999年10月3日，在贵州麻岭风景区，正在运行的缆车突然坠毁，36名乘客中有14位不幸遇难。而就在悲剧发生时，一对年轻的夫妇，用双手托起了自己两岁半的儿子，结果，儿子得救了，这一对夫妇却失去了生命。

在生和死的瞬间，父母想到的并不是自己，他们用双手把生的希望留给了儿子，这就是父母之爱。这个故事，深深打动了歌手韩红，经多方联系，她领养了这个大难不死的小孩。下面我们要听的这首歌曲《天亮了》，正是韩红自己创作、自己演唱的，写的就是这个催人泪下的故事。"

紧接着，播放歌曲《天亮了》，让学生从中体会父母之爱，并谈出感受。这对教学过程的主要部分"活动交流"作了很好的铺垫。

以上环节的教学通过听真实的故事以及感受歌曲，使学生体会到父母爱孩子胜过爱自己生命的思想感情；激发学生情感，由故事过渡到实际生活中，请学生用自己亲身感受到的事例来说明父母的爱是无私的、崇高的。这样导入新课，不仅能很快让学生进入到课堂的情境中，而且能够很自然地调动学生的情感，顺利地进入下一环节的教学过程。

（资料来源：檀传宝著：《德育与班级管理》，高等教育出版社2007年版，第117页。）

3. 请学员两两结对，相互述说一个关于自己亲身经历的陶冶教育法的故事。

4. 分析：这个故事让人难忘的原因是什么？

_____

_____

_____

_____。

5. 教师小结。

活动5　情境模拟：实践锻炼法

【活动目标】　掌握实践锻炼的主要方法。

【活动准备】

教师录像：学生食堂打饭时的混乱秩序场景，学生吃饭后餐桌椅的狼藉景象，磕得坑坑洼洼、伤痕累累的不锈钢餐具等。

【活动说明】

1. 以真实录像的方式呈现，目的是为了引起学员们的注意。录像的对象既可以是中小学校，也可以是大学。

2. 教师小结时，应强调方法是多样的，但在实施过程中要注意实效性。

【活动过程】

1. 教师导言：实践锻炼法是有目的地组织学生进行一定的实际活动以培养他们的良好品德的方法。学生品德的培养离不开锻炼，只有在社会生活和道德实践中才能形成、发展和完善。那么，如何运用实践锻炼法对学生进行教育呢？请大家看一段录像，然后想办法、出主意。

2. 学员观看教师制作的录像。

3. 小组情境模拟解决问题的办法。

4. 全体学员交流，小组代表发言。

5. 教师将大家的办法写在大白纸或黑板上。

6. 教师小结。

活动6　讨论交流：品德评价法

【活动目标】　掌握德语评价的基本要求。

【活动说明】

1. 让学员回忆中小学时代教师对自己的评价，目的是唤醒学员的意识，让学员在已有感受的基础上学习，效果会更好。

2. 教师在小结结束后，应说明选择德育方法的基本要求。虽然德育方法本身蕴涵了一定的价值倾向和预期效果，但这些方法是否能够真正奏效，还取决于对这些方法的选择和使用是否与培训的目的、目标和内容相一致。

【活动过程】

1. 教师导言：品德评价法是教师根据学生守则、德育大纲等要求对学生的思想和言行作出评判，以促进其形成良好品德、纠正不良品德，进而促进学生全面发展、实现教育工作目标的方法。在学校教育中，教师对学生的品德能否作出公正客观的评价，会对学生产生良好品德的形成和发展产生重大的影响。

2. 回忆中小学时代，班主任老师对自己的品德评价，你觉得客观公正吗？对你后来的发展有何影响？

_____

_____

_____。

3. 阅读下面的案例，并回答问题。

小康平时写作业龙飞凤舞，字迹难以辨认，任课老师多次批评也不见效。一次，课代表把他的作业张贴出去，小康非常生气，立即把作业撕了下来。课代表把情况向班主任作了汇报，班主任肯定了课代表的责任心。当班主任走进教室的时候，小康情绪有些紧张，做好了挨批评的准备。可是，班主任平和地说："你们知道小康为什么把自己的作业撕掉吗？他是在为自己作业写得潦草而生气,撕下来正是为了把作业抄写工整。小康的作业是能写好的,我们应该相信他。"小康惭愧地低下了头,可同学们却将信将疑。第二天,小康真的把一份抄得工工整整的作业重新贴在了"批评栏"内,并在作业下面写道:"请看我以后的实际行动吧!"

小组讨论:这一案例说明了在运用品德评价法时,应注意哪些问题?

(1) ＿＿＿＿＿＿＿＿＿＿＿＿＿＿＿＿＿＿＿＿＿＿＿＿＿＿＿＿＿＿＿＿＿＿＿＿＿＿;
(2) ＿＿＿＿＿＿＿＿＿＿＿＿＿＿＿＿＿＿＿＿＿＿＿＿＿＿＿＿＿＿＿＿＿＿＿＿＿＿;
(3) ＿＿＿＿＿＿＿＿＿＿＿＿＿＿＿＿＿＿＿＿＿＿＿＿＿＿＿＿＿＿＿＿＿＿＿＿＿＿;
(4) ＿＿＿＿＿＿＿＿＿＿＿＿＿＿＿＿＿＿＿＿＿＿＿＿＿＿＿＿＿＿＿＿＿＿＿＿＿＿;
(5) ＿＿＿＿＿＿＿＿＿＿＿＿＿＿＿＿＿＿＿＿＿＿＿＿＿＿＿＿＿＿＿＿＿＿＿＿＿＿。

4. 教师小结。

课后作业

1. 台湾女作家三毛上小学时,数学成绩一直不好。在一次数学考试中,三毛发挥出色,考了较高的分数。但数学老师不相信她,认定她作弊,并随即出了一套难度很高的试题,让三毛一个人做。结果三毛一道题也没有做出来。老师用毛笔在三毛脸上画了一个大大的"0",然后逼她到走廊和操场上当众展示她的"分数"。三毛从此变得害怕进学校,以致最终逃学。这位老师的做法对吗?为什么?

2. 有一个班的学生习惯乱丢纸屑,且屡教不改。有一次,班主任走进教室,见地上有几个纸屑。当时还有三位同学未进教室。老师突然想到这是进行教育的好时机,于是,他指着地上对大家说:"这儿有几个纸屑,进来的同学都没有捡起来,现在还有三位同学未进来,我们看看他们会不会发现。"经老师一说,全班同学都瞪大了眼睛等着瞧。第一位同学看也不看就冲进了教室;第二位看了看地面却无动于衷;第三位同学一看地上有纸屑,就弯下腰捡了起来。全班同学报以热烈的掌声。老师的脸上掠过一丝微笑,郑重宣布班会开始了。第一个受到表扬的就是这位拾纸屑的同学。从此,教室地上看不到纸屑了。

结合这一案例,试分析教师采取的教育方法是什么?为什么会收到这么好的效果?

课外阅读

1. 檀传宝著:《德育与班级管理》,高等教育出版社2007年版。
2. 傅道春编著《教育学——情境与原理》,教育科学出版社1999年版。

相关链接

1. 中国德育资源网,http://www.516xz.cn/Index.html。
2. 班主任,http://www.banzhuren.com。
3. 班主任中心——为您服务教育网,http://www.wsbedu.com/jia/banmaster.asp。
4. 班主任之友,http://www.bzrzy.cn。

单元七

教育研究

★本单元概述及学习要点：

随着人们对教师职业专业化认识的加深，教师的角色逐渐由"工匠型"转向"研究型"。然而，教师进行研究的方法除了观察法、调查法、实验法等教育研究的基本方法外，更多的是校本研究。因此，本单元在帮助学员认识教师的研究者角色后，除了对观察法、调查法和实验法等基本研究方法的学习，还将帮助学员认识校本研究的要素、特点和方法等。

学习要点：

☐ 教师成为研究者的必要性
☐ 教师研究的特点
☐ 观察法、调查法、实验法等教育研究基本方法
☐ 校本研究的特点和要素
☐ 校本研究的方法

课节 1 教师成为研究者

【学习目标】 到本课节学习结束，你将能够：
1. 理解教师的研究者角色；
2. 明确教师成为研究者的重要性；
3. 了解教师研究的特点。

【预计时间】 90 分钟。

【活动准备】

1. 学员到附近的一所中学或小学了解学校教师进行教育研究的实际情况。每个小组成员合作调查一所学校，并写出 500 字左右的调查报告。

2. 事先将教室座位安排成 U 形、马蹄形或者半圆形，有利于所有参与者面对面直接交流。

【活动概览】

活动 1　调查汇报：中小学教师进行教育研究的现状

活动 2　站立场、说理由：教师需要作研究吗？

活动 3　案例分析：教师研究的特点

活动 1　调查汇报：中小学教师进行教育研究的现状

【活动目标】　了解中小学教师进行教育研究的基本情况。

【活动说明】

1. 做活动前教师一定要确保学员作了调查研究，并落实好每个小组的发言人。

2. 组内其他成员可以对本组主讲内容进行补充。

【活动过程】

1. 学习者报告：小组主讲人陈述本组调查报告，每组限时 2~3 分钟。

2. 教师小结。

活动 2　站立场、说理由：教师需要作研究吗？

【活动目标】　理解教师的研究者角色，明确教师成为研究者的必要性和重要性。

【活动准备】

活动前，教师找两名学员熟悉情景对话脚本（见附件），分别扮演其中的角色。

【活动说明】

1. 本活动设计为开放式的讨论而不是严格的辩论，是希望让更多的学员以更自由的方式参与发言。

2. 教师在做这个活动前需要根据本班学员的情况预测，是否会出现观点一边倒的情况。如果出现这种情况，教师需要站在另一方观点立场追问学员问题以发现更真实的想法。

3. 双方讨论时，组织方式为每一方一次只有一人发言，小组内可以自己选择谁是首先发言者，发言人就坐在椅子上。如果发言人无法继续，组内其他成员可以走上前去替换他。以此类推。

4. 双方发言人需要面对面地讨论，而不是面对其他人。教师可以在开始时参加某一方以调动学员的积极性。

【活动过程】

1. 观看情景对话表演。

2. 教师在教室中间放置两把椅子，扮演教师和校长的两位学员分别坐在椅子上代表两种不同的立场。

3. 教师让现场的学员根据自己的看法选择自己要站的位置，同意的人可以站在其中一把椅子一边，不同意的人则站在另一边，暂时拿不定主意的可以先站在中间。

4. 站在中间的这些"举棋不定者"可以根据自己听到的两方观点重新选择自己要站的位置。

5. 教师小结。

 **活动 3　案例分析：教师研究的特点**

【活动目标】　通过案例分析，让学员明白教师进行教育研究的特点。

【活动说明】

1. 教师进行教育研究的特点比较多，通过阅读案例，学员能够体会出至少三个特点。
2. 教师进行小结时，强调最主要的三个或四个特点。

【活动过程】

1. 教师导言。
2. 学员阅读下面案例并思考后面的问题。

案例一

朱老师是中学语文教师。在教学中，他发现了一个耐人寻味的现象：生长在上海这个大城市的孩子，见多识广却有不少人在课堂上并不会"说"，其中有一个男孩的症状最为突出。他上课从不主动发言，似乎是课堂中的局外人。你要是把他叫起来，无奈中他奉送给你的是真正的语无伦次，那种既羞愧又胆怯的情形倒让人觉得有些可怜。为什么如此怕"说"呢？带着这种疑问，朱老师走进了男孩课堂之外的生活。经过了解才知道，原来不和睦的家庭导致他从小形成了开口心理障碍，以致"不会说"。朱老师以对这个特别不会说的学生进行了解为突破，对其他有同类缺陷的孩子进行了集中分析与研究。通过调查与分析，他采用"重点突破，触动全局"的策略，建立了"初中生说话能力训练"这样一个研究课题。

（资料来源：郑惠琦等：《教师成为研究者》，上海教育出版社 2005 年版，第 25～27 页，有删改。）

案例二

通常在数学课上，学习了一组新知识后，我们都要通过练习了解学生掌握和运用知识的效果。然而一段时间以来，我们发现学生习题做了很多，但阶段的测试成绩总是不太好。经过观察和思考，课堂上有一个教学环节引起了我们的注意。长期以来，在进行课堂练习的过程中，我们一直是以集体对练习答案这样的方法来反馈学生对知识的掌握情况，首先，课堂练习本一般教师不收，这样就很难及时了解每一个学生练习的真实情况；另外，每一次站起来展示答案的学生往往都是学习比较好的，这样，在对过答案后到底全班学生是一种怎样的情况、是否知道错在哪、错题改没改、是否对知识真正理解了等，教师都不能把握。于是我们想到这一环节的疏漏可能是影响学生学习成绩的一方面原因，应对练习结果的反馈时间及方式等进行认真的研究，从一个侧面为提高学生的学习成绩寻找有效的方法和途径。

心理学认为："反馈是指在生物反射调节系统或机械自动调节系统中，把输出端的一部分信息能量返传给输入端,从而进一步调整自动调节系统或发射调节系统的活动……反馈具有控制和调节行为活动的功能,也就是在学习与练习活动中,将学习与练习结果信息返回提供给学习者,可以改进和提高学习效率"。依据上述反馈理论,我们提出了"学习结果的不同反馈时间及方式对学生学习成绩的影响"的实验研究。

案例三

低年级的女教师 M. H. 维尔霍汶妮娜在刚从事研究工作的时候,和其他的教师相比,并不显得有什么特殊的根底。实际工作中有一个重要的问题使她非常关心——儿童的学前训练和家庭里的智育、德育问题。因为有些孩子在入学的时候眼界非常狭窄,语言极其贫乏,这给教师带来了不少苦恼。但是这些问题的原因何在,人们并不了解。后来,苏霍姆林斯基建议她:研究一些事实,分析一下儿童的思维特点,同时,也要仔细地观察家庭的精神生活情况,了解儿童在其有意识的生活中迈出最初几步时所处的智力的、道德的和审美的环境。

经过初步的研究、观察和对比事实,几个月后,女教师把每一个儿童的智力发展状况与其父母的兴趣、文化修养和知识眼界作了对比分析。当研究进行到第一学年末的时候,这位女教师已经得出了儿童的智力发展依赖于家庭的文化修养的结论。研究过程和分析事实,为女教师进行思考、作出结论和概括提供了丰富的材料。这是一项真正的创造性研究,它是每一个愿意思考的教师都能做到的。

(资料来源:B. A. 苏霍姆林斯基著,杜殿坤编译,《给教师的建议》(修订版),教育科学出版社 1984 年版,第 496~497 页,有删改。)

3. 通过以上案例,你体会到的教师进行研究的主要特点有:
我的体会:①_____;②_____;③_____。
4. 小组讨论交流,记录人将发言人的主要观点写下来。
我们的共识:①_____;②_____;③_____;④_____;⑤_____。
5. 大组交流,每组限时 1 分钟,不重复。
6. 教师小结。

课后作业

1. 有位小学教师说:什么科研不科研,一天光备课、上课、批改作业就够呛了,哪有精力和心思去搞研究?而且,我们搞研究,那些专门拿钱搞研究的人不是吃"白饭"了吗?你对此有何看法?

2. 让三个学员小组分别承担一种教育研究基本方法:观察法、调查法、实验法的资料查找和搜集,小组成员共同备课,并让每个组确定一名主讲人,由主讲人在下节课上将本组承担的教育研究方法介绍给其他小组的学员。要求介绍时既有方法的介绍,也有相关方法的案例呈现。课前将准备情况向教师汇报。

课外阅读

1. 袁振国主编:《教育研究方法》,高等教育出版社 2000 年版。

2. 李秉德主编：《教育科学研究方法》，人民教育出版社 2001 年版。
3. 裴娣娜主编：《教育研究方法导论》，安徽教育出版社 2000 年版。

课节 2 教师进行研究的基本方法

【学习目标】 到本课节学习结束，你将能够：
1. 了解观察法、调查法和实验法这三种基本研究方法；
2. 学会运用这三种研究方法。
【预计时间】 90 分钟。
【活动准备】 小组成员分工：按需要分成主持人、发言人、记录人、报告人、音量控制人、材料保管人等。
【活动概览】
活动 1 讲一讲：初识观察法、调查法、实验法
活动 2 案例分析：学习观察法、调查法、实验法
活动 3 应用展示：应用观察法、调查法、实验法

活动 1 讲一讲：初识观察法、调查法、实验法

【活动目标】 在合作学习中理解观察法、调查法和实验法等教育研究的基本方法。
【活动说明】
1. 由于学员有一门专门的课程学习研究方法，因此这里只选择了最基本的三种方法。
2. 通过让学员小组共同查找资料，备课等合作学习方式，促使其教学相长，学习能力加强。
3. 教师需要注意在课前对学员准备情况进行检查和指导，活动过程中控制好每个小组的时间。
【活动过程】
1. 每个小组轮流向全体学员介绍自己小组承担的一种研究方法。
2. 教师或学员提问，确保学员理解。
3. 教师小结或补充。

活动 2 案例分析：学习观察法、调查法、实验法

【活动目标】 深入理解观察法、调查法和实验法等教育研究的基本方法。
【活动说明】
1. 这个活动目的是在经过活动 1 学员初识三种研究方法后进一步帮助学员结合案例学习三种研究方法。
2. "联系实际，举例说明三种研究方法的适用范围" 是为活动 3 作铺垫。所以，这个活

动实际上起承上启下的作用。

3. 如果在活动 1 中，学员就活动 2 中的三个问题已经讨论得比较充分，这个活动也可以合并到活动 3，让学员设计应用研究方法的时间更充分。

【活动过程】

1. 学员阅读案例。
2. 根据案例在小组内分析讨论：
（1）根据案例分析，该研究活动使用了哪些研究方法？
（2）使用这些研究方法要注意些什么？
（3）联系中小学实际，举例说明观察法、调查法和实验法可用于哪些研究活动。
3. 小组汇报。
4. 教师小结。

活动 3　应用展示：应用观察法、调查法、实验法

【活动目标】　联系实际，设计研究活动，尝试应用这三种研究方法。

【活动说明】

1. 活动开始时，教师需要确保三种研究方法都分别有学员小组选择。
2. 活动过程中，教师需要在各组巡视，及时为学员提供帮助。
3. 小组成果汇报，可以设计成"画廊"形式，让各小组将成果展示在墙上，学员可以自由巡视每个小组的成果，每个小组派一名学员值守本小组成果前，以备回答参观者提问。

【活动过程】

1. 各小组选择一种研究方法进行设计。
2. 各小组展示设计结果。
3. 教师评价、小结。

课后作业

查阅关于"校本或校本研究"的资料，找寻其中关于"校本或校本研究"概念的表述，并写出 300 字左右的认识。

课外阅读

1. 郑金洲著：《校本研究指导》，教育科学出版社 2002 年版。
2. 杨朝晖、王云峰："中小学应搞什么样的科研——对校本教育科研内涵特征的再思考"，《上海教育科研》，2003 年第 5 期。
3. 姬升果、王云峰："教育研究何以会走向'校本'？——对校本教育研究的思考"，《首都师范大学学报》（社会科学版），2004 年第 6 期。

课节 3 校本研究

【学习目标】 到本课节学习结束,你将能够:
1. 了解什么是校本研究,有何特点、内涵和要素。
2. 学会校本研究的方法。

【预计时间】 90分钟。

【活动准备】 小组成员分工:按需要分成主持人、发言人、记录人、报告人、音量控制人、材料保管人等。

【活动概览】

活动1　共享与研讨:校本研究的认识
活动2　阅读分析:校本研究的基本要素
活动3　案例分析:校本研究的方法

活动1　共享与研讨:校本研究的认识

【活动目标】 了解校本研究的意义。

【活动说明】

1. 学员在课前关于"校本研究"的阅读,编者给出了参考书目和文章,但编者建议学员的阅读可以不限于这些著作和文章。可以多看看不同研究者的观点以分析比较。

2. 到目前为止,校本研究仍是在不断探索前行的命题,只要学员没有原则性的认识错误,应该允许并鼓励学员有不同的观点和见解。

【活动过程】

1. 汇报小组查阅文章、著作中对"校本研究"概念的表述和认识。

校本研究的概念:_____
_____
_____。

对校本研究的认识:_____
_____
_____。

2. 教师给予评价,并小结。

活动2　阅读分析:校本研究的基本要素

【活动目标】 理解校本研究的基本要素以及各要素的作用。

【活动说明】

1. 鉴于时间关系,各小组可只阅读其中一个故事,并开展讨论。
2. 如果每个小组只阅读了一个故事,小组汇报讨论结果时,需要简要陈述一下自己小组的故事。
3. 后面小组的发言不能和前面小组的发言内容重复。

【活动过程】

1. 教师导言。
2. 阅读以下故事,思考下面的问题。

故事一

张祖庆:我的专业成长之路——在绍兴"名师之路"成长论坛上的发言

……回顾自己所走的15年的语文人生,前5年,是处于懵懵懂懂的状态,这个时候,对语文的思考,仅仅停留在怎么样把一节课上得让学生喜欢的层面上。稍后的一段时间,开始对语文有了些肤浅的思考,我开始追问:语文能为学生做些什么?一阶段的实践与探索下来,我渐渐发现,其实语文承载着"价值引领,铺垫人生底色;习惯培养,形成持久学力;兴趣激发,引入读书殿堂"这三大功能。有了这样的认识,我开始反思自己的课堂。经过一段时间的思考,我选择了"阅读策略发展及指导"这一课题作为改革的突破口,开始了对学生阅读方法与策略的指导研究,探索出了小学中高年级学生阅读策略发展轨迹,摸索并总结了阅读策略指导的对策。

……教师是否愿意花时间反思自己的工作,是教师是否具有专业素养的标志。没有最好,只有更好。学海无涯,艺无止境。教师的专业追求、探索、提升都要不断反思。要学会在言说和行动中思考,在反思批判中成长。自己的教育生活就是一种学术行为,自己的一言一行都应不断反思。这应该成为自己需要时时温习的功课。

(资料来源:http://bbs.lqedu.com/dispbbs.asp?boardid=72&id=15303,有删改。)

故事二

薛法根:人生三堂课——我的成长故事

1990年,我校举办了江浙沪两省一市教育整体改革研讨会。学校推荐我承担了其中一堂作文课——景物描写:织女塑像。当时,我踌躇满志,精心设计教案,反复试上推敲,自以为万事俱备只欠东风。谁料想,在课堂上,平时伶牙俐齿的学生却呆若木鸡,把我晾在了讲台上。我就像个拙劣的导演,自说自演。课上砸了!我难过得无地自容,真想一走了之。在讨论会上,老校长严肃地对我说:"记住:你是在什么课上跌倒的,你就必须在什么课上站起来!"老校长聘请了华东师范大学杜殿坤教授、上海师范大学吴立岗教授为学校的教育科研顾问,在专家们的指点下,我确定了"素描作文教学"作为自己的研究课题,迈开了教育科研的第一步。

1993年,我在泰兴举办的江苏省"教海探航"征文颁奖大会上,上了一堂自己构思的素描作文课《奇妙的魔术》,引起了在场听课的3000多名教师的一致好评,就连负责摄像的老师也连连夸奖说:"我拍了十几年录像课,今天的作文课是最精彩的。"三年的验证性课题研究,使我有了一种脱胎换骨的感觉。科研,的确能改变一个人的思想,也能改变一个人的行为，只要你真正把它融入教学的每个细节里。

（资料来源：http://bbs.lqedu.com/dispbbs.asp?boardid=72&id=15303，有删改。）

故事三

……虽然任教才两年多，可是我抓住了很多机会去发展自己。譬如，参加青年教师基本功大赛的时候，需要上一堂公开课。一个教案往往需要改十几遍，我的师傅（指导老师）和同年级的老师给了我很大的帮助，每个人都把自己最好的想法告诉我，然后大家一起讨论；发现问题又推翻，再找新点子，最后讨论可行，确定下来。大家帮我找资料、做课件，我就积极地投入，争取把课上得更满意，结果也取得了一点成绩，当然与我们共同的努力分不开。虽然准备一节公开课花费了我大量的时间和精力，但是经过这么一个过程，我知道了上好一堂课的要素，在平常的上课过程中就有越来越新的想法。

（资料来源：傅建明：《教师专业发展——途径与方法》，华东师范大学出版社2007年版，第103页。）

3. 小组讨论：校本研究的基本要素有哪些？各有什么作用？

校本研究的基本要素与作用：＿＿＿＿＿＿＿＿＿＿＿＿＿＿＿＿＿＿＿＿＿
＿＿＿＿＿＿＿＿＿＿＿＿＿＿＿＿＿＿＿＿＿＿＿＿＿＿＿＿＿＿＿＿＿＿＿
＿＿＿＿＿＿＿＿＿＿＿＿＿＿＿＿＿＿＿＿＿＿＿＿＿＿＿＿＿＿＿＿＿＿＿
＿＿＿＿＿＿＿＿＿＿＿＿＿＿＿＿＿＿＿＿＿＿＿＿＿＿＿＿＿＿＿＿＿＿＿
＿＿＿＿＿＿＿＿＿＿＿＿＿＿＿＿＿＿＿＿＿＿＿＿＿＿＿＿＿＿＿＿＿＿。

4. 全班交流，小组发言人陈述本组观点。
5. 教师小结。

活动3　案例分析：校本研究的方法

【活动目标】　了解叙事研究、个案研究和行动研究的意义与特点。

【活动说明】

1. 学员通过阅读案例，会对叙事研究、个案研究和行动研究方法有一些感性认识。
2. 教师需要帮助和引导学员进行理性归纳。

【活动过程】

1. 学员阅读以下案例。

叙事研究案例教案："下课之后才完成的故事"

这段时间我一直在思考"备课怎么备"、"教学设计如何设计"、"写教案如何写"之类的问题。在大学读书时，教《教育学》的老师在讲到"如何备课"这一节时，苦口婆心地强调要"备教材"、"备学生"，以教材的"知识结构"和学生的"学情"作为选择教学方法和教学工具的依据。记得期末考试的考题就是"怎样备课"。

自己做了教师之后，我一直按"备教材"、"备学生"这两个要求来设计自己的教学。后来我发现，"备教材"、"备学生"其实是合而为一的事情，并非分开的两个要求或两个程序。我将它理解为"根据学生的学情梳理教材的知识结构"。

有一段时间，我很为自己的这个想法和做法得意。学校曾在全校范围内检查教师的教案，我写的教案作为优秀教案受到学校领导的认可和赞赏。

但做教师的时间长了，我感觉我的教案越来越没有个性、越来越没有生机。像周围其他老师一样，我发现我的教案不过是在不断"重复"昨天的、过去的故事。教案也越来越简单，有时甚至懒得做教学设计，懒得写教案。

我开始为教案的问题感到困惑。

前两天接到学校通知，说有大学的专家来听我的语文课。学校领导提醒我"要注意教学设计"，"专家可能要看教案的"。

我对这样的任务并不陌生，我已经习惯于上所谓的"公开课"了。但是，在为这节"公开课"准备教案的过程中，在提醒自己"要注意教学设计"，我开始反思自己以往"公开课"的得意与失意。我意识到我所有的得意与失意，似乎都与"教案"、"教学设计"相关，而且关键的问题似乎还不在"上课前"我如何设计教案，关键是"在课堂教学过程中"如何根据学生在课堂中的实际状况调整我原先设计好的"教案"。如果这样来看，"教案"可能不完全是在上课之前设计好的，真正的教案，是在教学之后。

我不知道我这个想法是否正确，但我很愿意按照这个想法来展开这次的"公开课"。

（资料来源：任英："教案：下课之后才完成的故事"，《人民教育》2002 年第 12 期。）

个案研究案例："一位后进学生的教育案例"

基本资料：1. 案主姓名：张×× 2. 性别：男 3. 年龄：17 岁 4. 班级：319 班 辅导时间：2006 年 12 月至今。

问题的具体表现：

进校的时候在班级排名是 30 名，后成绩下滑至班级 50 名，平常上课易走神，作业错误率高，有时受到老师批评。

日常生活中孤立无助，得不到别人的赞赏、尊重，有同学看不起他。

有一定的自卑心理，家里的事情不愿让老师、同学知道，也没有知心朋友倾诉。

背景资料：

家庭背景：母亲有间隔性精神疾病，父亲的手腕以前曾经骨折，基本丧失重体力劳动能力，家庭经济困难。

案主的观点：上了高中总觉得课堂上都听懂了，就是遇到考题不会做，老师一讲就明白。不懂的也问老师，老师也耐心地讲解，就是考不好。

原因分析：

这个案例在高中学生中较为普遍，具有一定的代表性。这个案例说明，学生学习成绩的高低受到许多因素的影响，有些影响因素较为隐蔽，归纳起来有以下几点：

（一）环境变化

初高中教学的区别。初中的课程相对比较简单，强调课本知识的学习，然而，高中教学开始强调能力的迁移,强调课本以外知识的学习。

竞争对手变化。案主在普通初中学习成绩比较出色,存在心理优势。进入高中发现许多同学比自己强,造成了重大心理冲击。

(二) 应变能力

独立解决问题的能力包括自学的能力。案主在初中没有养成较好的自学能力,遇到问题,养成了依靠老师的习惯,老师一讲都明白,自己一做就不会。

适应新环境的能力。学生除了需要外界的帮助以外,自身的适应能力也很重要。

(三) 家长与孩子的沟通

如果上高一前,家长通过与孩子的交流,能及早发现存在的问题,就有可能避免现在的窘况。

辅导过程及方法:

根据情况,我对他实施多渠道、综合性辅导,有上进心的教育,自信心的教育,赏识教育,意志力的教育。

首先是面谈,我让他回去做三件事:第一,春节快来了,买一些贺卡送给想送的老师和同学;第二,注意以后同学、老师对你的态度改变;第三,想一想,你怎样做才能使大家更乐意接受你,这个问题可以和老师、朋友、家长讨论。

随后我告诉他开学后加大学习历史的力度,月考拿下班里的历史第一高分。

不久后的一次面谈,他告诉我同学开始愿意与他交往,老师也开始留意他、关心他(我之前与任课老师沟通过了)。他知道了给别人一个微笑,别人也会给你一个微笑的道理,他和同学能融洽相处,似乎感觉到了朋友的关爱与集体的温暖。我进一步对他进行了人生观、树立人生目标的教育,举上届学生的实例讲解积极上进的重要。

后来的月考,他考了班里的第十四名,同学和老师对他刮目相看。他懂得了,想要获得别人的尊重与认可,自己必须有亮丽的一面。我随即肯定了他的聪明和努力,并规定了他下次月考的目标——文综三科要在班里得高分。又与他的父母沟通,把他的困难报学校政教处,希望得到资助,配合教育案主。还有意识地找到素质较好的班干部,让他们能主动与他谈心,发现他的特长。要求各科任老师有意识地关心他、解决他学习上遇到的困难,多鼓励少打击,增强其信心。接下来的月考,第一次文综三科不理想,我及时地用一些名言和名事例鼓励他,如"没有永远的失败,只要迟来的成功"等。第二次文综三科比较理想,我特意在班上表扬了他,让他在进步过程中感受到生活的快乐和成功的喜悦。之后,又制订了他的期末考试目标,不让文综三科退步,在此基础上努力赶数学。还让他明白,决定成绩的主要因素是学习习惯,每一天、每一节,都需要意志、需要坚持。

结果与反思:

(一) 结果

经过一年的辅导,案主自觉性提高了,作业能按时并且有质量地完成,上课能坚持听讲,很少看到他郁郁寡欢的眼神。上学期期末,他的总成绩已升至班里十几名,闯进了全年级五十名。本学期的两次月考,他都在班里的十名左右。家长也反映,他在家里比以前也懂事多了,没有了抱怨,有时也能帮忙做点家务活,特别能够理解父亲,每次的成绩都能及时告诉父亲。他自己也觉得,和同学在一起学习、娱乐很有趣。每一节课,他都努力跟着老师的思维,呼应老师,他说这是他控制自己走神的好办法。

（二）反思

从现有结果看基本成功,但还需坚持,直至他各方面完全稳定。真正教育好一个学生很难,不存在一劳永逸,会有教育反弹,所以教育者要有足够的耐心和期待。

平时要留意后进生和家庭特殊情况的学生,转变一位后进生比带好一个优秀生价值更大,对他们的教育要把心理沟通放在第一位,育人首先从育心开始。

任何教育理念都不是无懈可击的,任何教育方法都不是完美无缺的。各种教育方法要交叉使用,相互弥补。

(资料来源:贾永胜:"一位后进学生的教育案例",《中国农村教育》,2008年第22期,第7~8页。)

行动研究案例

在重点中学,早恋往往不易被察觉。这是因为重点中学的学生较普通中学的学生自律性稍强的缘故。然而,最可怕的问题往往是难以发现的问题。平静的海面下可能涌动着暗流,倘若不能及时发现并采取措施,后果将不堪设想。最有机会走进学生内心世界的语文老师若相对多花些心思,便可事半功倍。

何谓"早恋",在提法上颇有争议。就目前我国的实际情况及社会规范来说,中学生谈恋爱属于早恋。主要原因有两点:一是经济生活尚未独立;二是谈恋爱的年龄与法定最低婚龄相差甚远。早恋的危害已是有目共睹,这里就不再强调。

背景:

我所任教的高二（3）班是我校高二年级中较活跃的一个班级,这个班是我从高一一手带上来的,所以基本上对每一个学生的性情都比较了解,对于他们思想上的细微变化一般都能较快察觉。

问题的出现:

为了提高学生的口头表达能力,本学期语文课上我设计了一个活动——"答记者问":以学号为序,每节课请一位学生上讲台,回答同学提出的各种问题,全过程限时三分钟。刚开始大家比较拘谨,所提问题仅仅局限在学习范围内,后来我说可以把范围扩大到生活领域,大家便渐渐放开了。然而接下来的一周却着实让我大吃一惊。

学生的话题竟然清一色围绕着"男女朋友"展开。以下是部分提问的摘录:（编者略）

一周下来,我隐约觉得情况不太对劲——学生有早恋的倾向,于是下令禁止提这类问题,没想到两天后竟又故态重萌,而且愈演愈烈,大有防民之口甚于防川之势。面对日趋成熟、自我意识渐强的中学生,堵不是办法,于是我决定疏导。首先要让问题充分暴露并确定其性质,因为不是所有的异性中学生交往都属于早恋。我停止了"答记者问",以遏止这一风气。接着我让学生把想说的话写在随笔里（每周三篇随笔是我校语文课的固定项目）。一周后,我从中了解了学生关于异性交往的困惑、向往、兴奋、沮丧乃至痛苦,并依据心理学的相关理论从程度上对这种交往进行了分类:朦胧的向往;有所行动;频繁约会。按照恋爱发展规律,第四阶段是可能有出轨行为的阶段,但这个阶段的表征没有在学生的随笔中体现。乐观地想,也许还未发展到这一阶段;稍微"杞人"一下,也许学生不愿透露。另外,优秀学生所反映的情况已很不妙,由于情感上的波折,已经影响了正常的学习生活,从学生写的诗句中可见一斑:"失去了你/我像没有灵魂的躯体/沉入海底……"

问题的解决:

对于处于第一阶段的学生,关键是要让其了解相关的生理知识,正视自己,调整好心态——渴望异性是正常的,学会与异性交往是必需的,但言行必须是坦然的。

对于处在第二、三阶段的学生需要花点时间让他们知道他们已是一个成年人,应该对自己的行为负责。当然不能说教,要让学生自己确立这个意识。

人们之所以要去尝试,多半是因为未知和好奇。让他们知道究竟是怎么一回事,事情就要好办得多。花季年岁,爱情是什么,学生有自己的答案,鼓励他们把心里话说出来是解决问题的第一步。为此,我组织了一次课堂大讨论——"爱情是什么",提前一个星期布置了论题,要求一部分学生根据自己的想象和体验进行准备,另一部分学生回去采访家中的长辈。以下是这次大讨论的部分摘录:(编者略)

学生们有的认同以上看法,有的则不置可否,于是我顺势布置了一道辩论题:"花季,我们扛不起爱情",准备时间,一个星期。

以下是关于这场辩论的部分摘录:(编者略)

尾声:

经过两周的交流、讨论和辩论,学生们在思想上有了触动,在行动上有了改观。他们在随笔中写道:(编者略)

很多学生的学习效率明显提高了,课堂上再也没有昏昏欲睡的现象了。

反思与讨论:

在"课堂提问"暴露问题以后我的第一措施是停止提问。最初的打算是就此打住,以后不再搞类似的活动。做学生的思想工作是班主任的事情,语文老师似乎没有必要操这个心,其实这是对语文教学目标的狭隘理解。

经过两周的讨论和辩论,学生虽然对"什么是爱情"有了一定的了解,但是,整个过程除了采访长辈外都是在近乎于学术研究的探讨氛围中完成的,因此,效果是否真如学生们随笔中所说的那样还有待于进一步检验。

(资料来源:郑金洲著:《校本研究指导》,教育科学出版社2002年版,第68页,有删改。)

2. 思考如下问题:

(1) 什么是叙事研究、个案研究和行动研究?

_____
_____
_____
_____。

(2) 它们有什么特点?

叙事研究的特点:_____

_____
_____。
　　个案研究的特点：_____
_____
_____。
　　行动研究的特点：_____
_____
_____。

3. 小组讨论并汇报。
4. 教师小结或补充。

课后作业

学员以小组为单位，联系第二课节和本课节的几种研究方法，到附近的一所中学或小学开展一次研究活动，并用教育叙事或个案研究报告等方式呈现研究结果。

课外阅读

1. 郑金洲著：《校本研究指导》，教育科学出版社2002年版。
2. 郑慧琦、胡兴宏主编：《教师成为研究者》，上海教育出版社2005年版。
3. 陈向明著：《质的研究方法与社会科学研究》，教育科学出版社2000年版。

附件及参考资料

绪 论

课节2【附件】 情境剧脚本

情境A：两位老师处理上课迟到的学生。

几个学生手里拿着煎饼果子，踩着晚自习的上课铃声，上气不接下气地跑进教室。这个"特写镜头"正好被班主任撞见。还没等这几名学生坐好，老师就示意他们将煎饼果子送到讲桌上来。几个学生彼此交换了一下眼神，无可奈何地将煎饼果子放到了讲桌上。出乎意料的是，老师非常生气地将煎饼果子使劲地扔到纸篓里。

无独有偶，在另一所学校也发生上课后学生拿着煎饼果子进教室的事情。然而，老师发现以后，急忙撕下了几张教案纸把煎饼果子接了过来，然后用自己的手绢包上后轻轻地说："委屈一会儿，下早自习给你送来。"下课后，老师一手提着暖瓶，夹着两个杯子，一手拿着煎饼果子交给学生，亲切地说："肚子提抗议了吧，早起十分钟就行了。"一个暖瓶、两个杯子，把师生的心连在一起。

（资料来源：李德善："教师要珍惜自己的形象"，《天津教育》，1990年第9期，第44页。）

情境B：两位班主任在路上遇到学生。

某中学一位班主任路遇未请假擅自回家的学生。

老师：（吆喝）嗨，你过来！
学生：（不快地）干嘛？
老师：（责问）你为什么不请假就回家？
学生：（不耐烦地）家里有事。
老师：（生气地）你怎么这个态度？
学生：（抵触不满地）我怎么啦？

另一位班主任也遇到了类似的情况。一位学生上课迟到了，正好被班主任碰到。

老师：（温和地）××同学，今天来迟了，是家里有事，还是身体不舒服？可以告诉我吗？
学生：（难为情地）不是。
老师：（委婉地）你今天起床迟了？昨晚睡得太迟了吧？以后可要早睡早起啊！
学生：（由衷地）老师，我明白了。

（资料来源：傅道春编著：《教育学——情境与原理》，教育科学出版社1999年版，第5页。）

单元一 认识教育

课节1【参考资料】

教育的产生与发展

1. 教育的起源。在教育学史上，关于教育起源问题有以下几种观点：

(1) 教育的神话起源说。这是人类关于教育起源的最古老的观点，所有的宗教都持这种观点。这种观点认为，教育与其他万事万物一样，都是由人格化的神（上帝或上天）所创造的，教育的目的就是体现神或天的意志，使人皈依于神或顺从于天。这种观点是根本错误的，是非科学的。

(2) 教育的生物起源说。生物起源论者认为，人类教育起源于动物界中各类动物的生存本能活动，其主要代表人物有利托尔诺、斯宾塞、沛西·能等。教育生物起源学说是教育学史上第一个正式提出的有关教育起源的学说，也是较早地把教育起源问题作为一个学术问题提出来的学说。

(3) 教育的心理起源说。心理起源说在学术界被认为是对教育生物起源学说的批判。其代表人物为美国著名的教育学家孟禄。他认为，原始教育形式和方法主要是日常生活中儿童对成人的无意识的模仿。

(4) 教育的劳动起源说。劳动起源说也称为教育的社会起源说，它是在直接批判生物起源说和心理起源说的基础上，在马克思主义历史唯物主义理论的指导下形成的。持这一观点的学者很多，主要集中在前苏联和我国，前苏联的教育史学家、教育学家以及我国的教育史学家和教育学家大都认可这一观点。

2. 教育的历史发展过程[①]。教育随着人类社会的产生而产生，也随着人类社会的发展而变化。人类教育的历史划分为原始教育、古代教育和现代教育三个阶段。

第一阶段：原始教育。原始社会的生产力以石器手工工具为标志，生产力水平低下，没有剩余产品，实行原始的公有制，没有阶级和剥削。在这种生产力和生产关系背景下发展起来的原始教育，在形态上，没有相对独立性，教育是在整个社会生产和生活中进行的，没有成为专门的社会职能，没有专门的教育机构和专职的教育人员。教育内容也十分简单，主要传授制造和使用简单生产工具的技能、从事渔猎、采集等劳动的经验以及原始社会的生活经验和风俗习惯。教育的方法手段也极端原始，主要靠直接的模仿和年长者的言传身教。原始教育在教育对象上，具有原始的平等性，不仅氏族公社的每个人都能受到教育，而且每个人受到的教育基本相同。

第二阶段：古代教育。古代教育包括奴隶制社会和封建社会两个历史阶段的教育。这两个社会历史阶段生产力发展水平和政治经济状况虽有不同，但都表现出落后的生产力，相同

---

① 冯建军主编：《现代教育学基础》，南京师范大学出版社2006年版，第103~105页。

的剥削阶级性质和自给自足的自然经济形态，致使它们的教育在根本上表现出相同的特征。在形态上，从原始社会进入奴隶社会，伴随着生产力的发展和社会分工的出现，社会上出现了专门从事脑力劳动的知识分子和从事儿童教育的学校，教育从生产劳动中第一次分离出来，具有了专门的形态。公元前2500年左右，埃及出现了最早的苏美尔（Sumerian）学校。到封建社会，学校教育的对象和规模得以扩大，出现了小学、中学和大学不同的类型。在对象上，古代社会的教育具有鲜明的阶级性和严格的等级性，学校教育是统治阶级的特权，劳动者的子女被排除在外，只能在生产劳动中接受原始的非学校教育。封建社会的鼎盛时期，即使在统治阶级内部，教育还表现出严格的等级性。古代社会学校教育的目的，主要是培养维护统治阶级利益的官吏、僧侣等治人之人，而不是培养生产劳动者，因此，学校教育的内容严重与生产劳动相脱离，主要传授统治术知识、文史知识。相对于原始社会简单的生产经验，这些知识不仅丰富，而且逐步分化和专门化，出现了文法、修辞、数学等学科。古代学校教育主要反映了社会经济基础和生产关系性质的要求，而和生产没有直接联系。反映生产力发展要求，并为生产服务的是学校教育之外的劳动者的教育。

第三阶段：现代教育。现代教育包括资本主义和社会主义这两个历史阶段的教育。这两个阶段在社会性质上有着截然的差别，但它们都是以商品经济为基础的社会，也是主要以使用机器为标志的生产力的社会。因此，现代社会与古代社会相比，以等价交换的商品经济代替了自给自足的自然经济，以机器生产代替了手工生产，以自由、平等代替了古代社会的人身依附关系，这使教育发生了质的变化和空前的发展。在教育目的上，由培养统治阶级的管理人才，转向培养社会生产过程中的劳动者，这使得教育从生产劳动中第二次分离出来，产生了现代的学校，这是学校教育发展的第二次大的飞跃。现代生产的发展经历了以蒸汽机使用为标志的第一次工业革命、以电气化为标志的第二次工业革命和以信息技术为标志的第三次工业革命，这使得现代教育的发展由普及初等教育到中等教育，进而到高等教育的大众化。现代教育使得学校教育制度日益规范化，最后发展成为封闭的制度化教育，教育级别从幼儿教育到高等教育，教育类别从普通教育到成人教育，形成了完备的体系。教学内容适应培养目标的变化，从传授伦理道德和古典文科知识发展到主要传授科学文化知识和职业技术。教学方法从记诵和呆读死记发展到运用各种科学技术手段和各种科学的教学方法。教学形式也从适应个体手工业的个别教学发展到适合大工业生产的班级授课制。

现代教育是相同的大生产性和其不同的社会性的统一。资本主义的社会性决定了资本主义教育的阶级性依然存在，只不过相对于古代社会，这种阶级性更加隐蔽化，它以学校教育制度的双轨制而表现出来。社会主义社会的公有制和人民性，使得教育第一次从剥削统治人的工具变为消灭剥削和压迫的工具，使社会主义国家人人具有真正平等的受教育权利，在社会制度上为实施教育的民主化提供了条件。

课节1【附件】

《学记》原文

发虑宪，求善良，足以言謏闻，不足以动众。就贤体远，足以动众，未足以化民。君子如欲化民成俗，其必由学乎！

玉不琢，不成器；人不学，不知道。是故古之王者建国君民，教学为先。《兑命》曰：念终始典于学。其此之谓乎！

虽有嘉肴，弗食，不知其旨也；虽有至道，弗学，不知其善也。是故学然后知不足，教然后知困。知不足，然后能自反也；知困，然后能自强也。故曰：教学相长也。《兑命》曰：学学半。其此之谓乎。

古之教者，家有塾，党有庠，术有序，国有学。比年入学，中年考校。一年视离经辨志。三年视敬业乐群，五年视博习亲师，七年视论学取友，谓之小成；九年知类通达，强立而不反，谓之大成。夫然后足以化民易俗，近者说服，而远者怀之，此大学之道也。《记》曰："蛾子时术之。"其此之谓乎。

大学始教，皮弁祭菜，示敬道也。宵雅肄三，官其始也，入学鼓箧，孙其业也；夏楚二物，收其威也。未卜禘不视学，游其志也。时观而弗语，存其心也，幼者听而弗问，学不躐等也。此七者，教之大伦也。《记》曰："凡学，官先事，士先志。"其此之谓乎。

大学之教也时，教必有正业，退息必有居。学，不学操缦，不能安弦；不学博依，不能安诗；不学杂服，不能安礼；不兴其艺，不能乐学。故君子之于学也，藏焉，修焉，息焉，游焉。夫然，故安其学而亲其师，乐其友而信其道。是以虽离师辅而不反。《兑命》曰："敬孙务时敏，厥修乃来。"其此之谓乎。

今之教者，呻其占毕，多其讯，言及于数，进而不顾其安，使人不由其诚，教人不尽其材；其施之也悖，其求之也佛。夫然，故隐其学而疾其师，苦其难而不知其益也，虽终其业，其去之必速。教之不刑，其此之由乎！

大学之法，禁于未发之谓豫，当其可之谓时，不陵节而施之谓孙，相观而善之谓摩。此四者，教之所由兴也。

发然后禁，则扞格而不胜；时过然后学，则勤苦而难成；杂施而不孙，则坏乱而不修；独学而无友，则孤陋而寡闻；燕朋逆其师；燕辟废其学。此六者，教之所由废也。

君子既知教之所由兴，又知教之所由废，然后可以为人师也。故君子之教喻也，道而弗牵，强而弗抑，开而弗达。道而弗牵则和，强而弗抑则易，开而弗达则思。和易以思，可谓善喻矣。

学者有四失，教者必知之。人之学也，或失则多，或失则寡，或失则易，或失则止。此四者，心之莫同也。知其心，然后能救其失也。教也者，长善而救其失者也。

善歌者，使人继其声；善教者，使人继其志。其言也约而达，微而臧，罕譬而喻，可谓继志矣。

君子知至学之难易，而知其美恶，然后能博喻，能博喻然后能为师；能为师然后能为长，能为长然后能为君。故师也者，所以学为君也。是故择师不可不慎也。《记》曰："三王四代唯其师。"此之谓乎？

凡学之道，严师为难。师严然后道尊，道尊然后民知敬学。是故君之所不臣于其臣者二，当其为尸则弗臣也，当其为师则弗臣也。大学之礼，虽诏于天子，无北面，所以尊师也。

善学者，师逸而功倍，又从而庸之。不善学者，师勤而功半，又从而怨之。善问者，如攻坚木，先其易者，后其节目，及其久也，相说以解，不善问者反此。善待问者，如撞钟，叩之以小者则小鸣，叩之以大者则大鸣，待其从容，然后尽其声不善答问者反此。此皆进学之道也。

记问之学，不足以为人师。必也其听语乎？力不能问，然后语之；语之而不知，虽舍之可也。

良冶之子，必学为裘。良弓之子，必学为箕。始驾马者反之，车在马前。君子察于此三者，可以有志于学矣。

古之学者，比物丑类。鼓无当于五声，五声弗得不和；水无当于五色，五色弗得不章；学无当于五官，五官弗得不治；师无当于五服，五服弗得不亲。君子曰：大德不官，大道不器，大信不约，大时不齐。察此四者，可以有志于学矣。三王之祭川也，皆先河而后海，或源也，或委也。此之谓务本。

课节3【附件】

学校论（现代文）

治理天下，没有比正人心、厚风俗更重要的事情了，而根本途径则在于推行教化。学校正是推行教化、将百姓纳入治理轨道的场所，因而古代家族有私塾，乡里有庠序（商代称学校为"序"，周代称为"庠"），国家有学校。人长得八岁，都要入小学；到十五岁，更要进大学。因此古时候，从家庭到国家莫不有学，从天子到庶民莫不受学，从幼儿到长者莫不皆学。朕以为，学校教育应当以《诗经》、《尚书》、《礼记》、《乐记》为根本，所有父子君臣、长幼尊卑等伦理道德都是由此产生的。古代的君子履信思顺以事奉长上，小人也乐于遵循礼制而耻于犯法，整个社会不以做官为时尚，因而天下大治……既然教育是天下大治的根本，而学校又是教化的本源，那么，怎样才能敦隆教化振兴学校呢？朕以为，务其本而不求其末，尚其实而不图其华，以内行为先，不汲汲于虚名，以经术为要，不屑于文辞，倘能如此，就符合圣人化民成俗之道了。

单元二 解析教师

课节2【参考资料】

教师专业发展的阶段

教师的专业成熟是一个长期的发展过程，需要经历一系列的发展阶段。当前，国内外学者对教师专业发展阶段的研究已经有了不少成果。下面主要介绍我国学者提出的"自我专业发展意识"与"自我更新"取向教师专业发展理论。该理论把教师的专业发展划分为五

个阶段：[①]

第一阶段："非关注"阶段。这是进入正式教师教育之前的阶段。这一阶段的经验对今后真正从教的教师的专业发展影响不可忽视。在这一阶段形成的"前科学"的教育教学知识、观念甚至一直迁延到教师的正式执教阶段。研究发现，对于教师来说，学生时期头脑中存储的无数的活生生的课堂场景，以及他所熟悉的教师教学模式会逐渐内化到自己身上，而他自己执教时这些模式会被重新激活，许多人都会感到是在学着自己上中小学教师的样子在做教师。

第二阶段："虚拟关注"阶段。这一阶段主要指师范学习阶段。师范生所接触的中小学和教师生活带有某种虚拟性，即使在实习期间，他们也是"实习"教师，缺少对专业教师的体认，自我专业发展意识十分淡薄。经过实习期，他们的自我专业发展意识被唤醒，实习期越长，自我专业发展意识被唤醒的程度就越高。

第三阶段："生存关注"阶段。这一阶段是指教师刚入职阶段。这一阶段，教师不仅面临着由师范生向正式教师角色的转换，面临从大学校园到中小学校园的变化，也面临着所学理论与实践的"磨合"。环境的骤变、角色的转换，从反面激起了初任教师强烈的自我专业发展的忧患意识，迫使他们特别关注专业发展结构中的最低要求——专业活动中的"生存"技能。据调查，列在初任教师所遇到问题前五位的依次是课堂纪律、激发学生动机、处理个别差异、评价学生作业、与家长的关系。从教师专业发展的角度看，由师范生至初任教师的导入阶段对教师也至关重要，它不仅决定着教师的去留，而且影响他们将成为什么样的教师。从研究来看，教师专业发展的关键期可能在初任阶段的前五年左右，这一阶段教师教育的质量将对教师发展产生重大影响。

第四阶段："任务关注"阶段。在度过了初任期之后，决定留任的教师逐步进入了"任务关注"阶段。这是教师专业素养诸方面稳定、持续发展的时期。随着教学基本"生存"知识、技能的掌握，教师的自信心也日渐增强，由关注自我的生存，转到更多地关注教学上来；由关注"我能行吗"转到关注"我怎样能行"上来。但这一转向在很大程度上受到职业阶梯、他人评价等某些外在因素的制约，教师对专业发展的重视，多是为了更好地完成教学任务，以获得职业阶梯的升迁和更高的外在评价。

第五阶段："自我更新关注"阶段。教师的专业发展动力转移到了专业发展本身，而不再受到外部评价或职业升迁的牵制，直接以专业发展自身为指向。同时，教师可以自觉地依照教师专业发展的一般路线和自己目前的发展状况，有意识地自我规划，谋求最大程度的自我发展成为教师的日常专业生活的一部分，成为一种专业生活方式，经常保持专业发展的"自我更新"取向。这一时期教师的自我专业发展意识是一种自觉的意识，而且单纯地指向专业结构的改进和提高。教师的特征是自信和从容。

纵观教师专业发展的整个过程，其中充满了艰辛和困难，每一时期问题的解决与否、解决的程度如何，都将对后期的发展产生重大影响。因此，必须认真分析影响教师专业发展的各种因素，从而找出对策帮助教师顺利度过专业发展的每一个阶段。

[①] 叶澜等著：《教师角色与教师发展新探》，科学教育出版社2001年第1版，第276～321页。

单元三 了解学生

课节1【参考资料】

学生的社会地位

学生的社会地位是指学生拥有的权利和应尽的义务。从法制上讲，学生是有法定资格的人，是权利的主体，是"已经"拥有全部人权的"人"，而不是"尚未拥有人权的人"。1989年11月20日，联合国大会通过的《儿童权利公约》中明确规定，儿童享有姓名权、国籍权、生存权、受教育权、受尊重权、安全等权利，不受种族、肤色、性别、语言、宗教信仰、政治主张等影响，总之，学生享有普遍的人权。

一、学生的权利

1. 安全的权利。基础教育，特别是小学教育，对所有弱小、无助的孩子而言，最基本也是最主要的保障应该是：安全——身心的绝对安全。首先必须保证他们远离所有的危险，保证他们在课堂、课间、游戏与各种活动时都拥有人的珍贵尊严。他们可以放心地行使自己所有的权利，而不担心任何体罚、斥责、谩骂与侮辱；无论他们多么愚顽，智力有多大的缺陷，行为由于无法自制的天性而多么严重地触犯纪律，学校都不应当使他们感到恐惧，教师都不应当使他们感到恐惧。

2. 受教育的权利。作为受教育者，学生最主要的是享有受教育的权利。联合国主张，教育是所有儿童的一项人权；教育制度要体现对儿童人权的尊重；开放人权教育。学生的受教育权具体表现在就学的平等权、上课权和受教育的选择权等方面。

（1）就学的平等权。1960年，联合国教科文组织详尽阐述了教育机会均等的概念，它包括"消除歧视"和"消除不均等"两部分。我国《教育法》第九条也明确规定：中华人民共和国公民不分民族、种族、性别、职业、财产状况、宗教信仰等，依法享有平等的受教育机会。从目前我国经济发展的水平来看，要真正做到人人享受"平等的受教育机会"还有一定的距离，因为学校之间无论是在"硬件"还是在"软件"上，确实存在着很大差异。面对现实，我们只有减少人为"制造"的不平等。但实际情况显示，人为"制造"的"不平等"越来越严重。

（2）上课权。学生要上课就像工人要做工、农民要种田一样，是一种"天赋人权"。但实际的教育教学活动中，学生的上课权却屡屡遭到教师或学校的随意践踏。

（3）受教育的选择权。学生受教育权的落实在于允许学生选择的权利，诸如允许学生选择学校、选择教师、选择课程、选择教材、选择教学内容等的权利。

3. 受尊重的权利。《中华人民共和国未成年人保护法》第十五条规定："学校、幼儿园的教职员应当尊重未成年人的人格尊严，不得对未成年学生和儿童实施体罚、变相体罚或其他侮辱人格尊严的行为。"第三十、三十一条规定："任何组织和个人不得披露未成年人的隐私"，"对未成年人的信件，任何组织和个人不得隐匿、毁弃；除对无行为能力的未成年人的信件由父母或者其监护人代为开拆外，任何组织或者个人不得开拆"。学校教育，应努力将学生视为具有与成人同等尊严的人，不论智力的差异、种族的差异和成就的优劣。可喜的是，随着社会的进步，人们的法律意识越来越强，学生和教师之间相互理解、相互尊重的良好局面正在形成。

4. 自由的权利。联合国《儿童权利公约》第13条规定："儿童应有自由发表言论的权利，此项权利应包括通过口头、书面或印刷、艺术形式或儿童所选择的任何其他媒介，不论国界，寻求、接收和传递信息和思想的自由。"也就是说，学生应该具有自主思考的自由，自主选择课外书的自由，自己安排学习的自由。但现实中，我们学生的行为常常被学校规范起来，思想常常被教师统治起来。尤其值得注意的是，学生在课堂中的话语表达权受到很多限制，既要受教师标准答案的限制，又要受表达方式的苛求。更有甚者，还会招致教师的指责挖苦。

二、学生的义务

我国现行教育基本法对各级各类学校学生的基本义务作了明确规定，可以概括为以下四个方面：

1. 学生有遵守法律、法规的义务；
2. 学生有尊重学生行为规范，尊敬师长，养成良好的思想品德和行为习惯的义务；
3. 学生有努力学习、完成规定学习任务的义务；
4. 学生有遵守其所在学校或其他教育机构管理制度的义务。

学生义务对学生提出了一定的要求和限制。这在总体上对学校的稳定、学生个人的发展是有利的。但在执行过程中，也存在一些缺陷，表现为执行不当（过高或过低）、缺少法律程序等。

单元四 理 解 课 程

课节1【参考资料】

一、课程内涵的发展趋势

有学者指出，当前课程的内涵发生了重要变化，呈现如下六个趋势：①

1. 从强调学科内容到强调学习者的经验和体验。当人们强调学科而且只强调学科的时候，课程的内涵也就与学科内容等同起来，这样，课程就越来越排斥儿童的直接经验。由此导致的结果是，课程越来越成为社会对儿童施加控制的工具，儿童的权利、儿童的发展在课程中得不到保障。为了切实保障儿童的发展，把儿童的发展置于课程的核心，人们开始越来

---

① 张华著：《课程与教学论》，上海教育出版社2000年版，第68~71页。

越关注学习者现实的活生生的经验和体验。这并不意味着排斥源于文化遗产的学科知识,而是在儿童现实经验的基础上整合学科知识,使学科知识成为学习者的发展资源而非控制工具。

2. 从强调目标、计划到强调过程本身的价值。只把课程作为教学过程之前和教学情境之外设定的目标、计划或预期结果,必然会导致把教育教学过程本身的非预期性因素排斥于课程之外。人之所以为人的根本规定之一,人是创造的主体。当特定的教学情境中教师和学生的主体性得到充分发挥的时候,这种教学的进程必然是富有创造性的,必然存在许多非预期性因素,正是这些创造性的、非预期性的因素拥有无穷的教育价值。因此,人们开始走出预期目标、计划的限制,关注教学进程本身的教育价值,强调"过程课程"。这并不是不要目标、计划,而是把目标、计划整合到教学情境中,使之促进而不是抑制人的创造性的发挥。

3. 从强调教材到强调各因素的整合。片面强调把课程作为学科内容和目标、计划,必然导致把教材等同于课程、教材控制课程的现象,而强调把课程作为学生的经验,强调教育教学过程本身价值,必然会把课程视为教师、学生、教材、环境四因素间持续交互作用的动态的情境。课程由此变成一种动态的、生长性的"生态系统"和完整文化,这意味着课程观念的重大变革。

4. 从强调显性课程到强调显性课程与隐性课程并重。在课程论中,显性课程与隐性课程是两个相对应的范畴。所谓"显性课程,是指学校教育中有计划、有组织地实施的课程。这类课程是根据国家或地方教育行政部门颁布的课程纲要、课程规划编制的,是"正式课程"或"官方课程"。所谓"隐性课程",是指学生在学习环境(包括物质环境、社会环境和文化体系)中学习到的非预期性或非计划性的知识、价值观念、规范和态度。这类课程当然是非正式的、非官方的,具有潜在性和隐蔽性。

5. 从强调"实际课程"到强调"实际课程"与"空无课程"并重。"空无课程"是美国著名美学教育家、课程论专家艾斯纳(E. W. Eisner)提出的概念,被作为思考课程问题的一个独特视角。我们在思考课程问题的时候,经常碰到的一个问题是:为什么学校和社会在课程变革中选择了现有的课程并将之制度化,而排除了其他的课程?那些被学校和社会在课程变革过程中有意或无意排除于学校课程体系之外的课程,艾斯纳称之为"空无课程"。

6. 从只强调学校课程到强调学校课程与校外课程的整合。随着信息社会的到来,社会变迁速度空前加快,学校、家庭、社区越来越趋向于融合,趋向于一体化。在这种背景下,课程变革再也不能固守学校课程的疆域,而应谋求学校课程与校外课程的和谐、互补、整合。其实,当把课程理解为教师、学生、教材、环境四因素的整合的时候,这里所谓的环境就远不止学校环境,还包括广阔的富有教育意义的校外社会环境和自然环境,蕴含着学校课程和校外课程的整合。

课程内涵的上述变化,既意味着课程意识的深层变革,也在某种意义上预示着课程变革实践的发展方向。

二、课程目标与教育目的、培养目标、教学目标之间的关系

课程目标是指在课程设计与开发过程中,课程本身要实现的具体要求。由于人们对"课程"的理解不同,具体的课程目标也就不相同。但一般来说课程目标是教育目的和培养

目标在课程中的具体体现,它的进一步分化就是教学目标。课程目标直接体现在课程计划与课程标准中。

确定课程目标,首先要明确课程目标与教育目的、培养目标、教学目标的关系,以确保这些要求在课程中得到体现。它们之间的关系如附图1所示,是层层分化,逐步具体化的过程。

其次要在对学生的特点、社会的需求、学科的发展等方面进行深入研究的基础上,才能确定行之有效的课程目标。

从课程发展的理论来看,课程目标的确定往往具有不同的价值取向,泰勒在《课程与教学的基本原理》中提出了课程目标的三个来源:对学生的研究;对当代社会生活的研究;学科专家的建议。这三个方面成为课程开发的基本维度,由于对这三个基本维度关系的认识不同,集中反映了不同教育价值观的理论旨趣,并由此产生了儿童本位课程论、社会本位课程论、学科本位课程论三种典型的课程观。

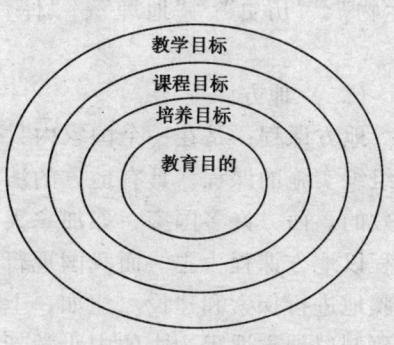

附图1　课程目标关系图

课节2【参考资料】

课 程 的 层 次①

课程的层次实际上是权力的产物,权力性质不同,所决定的课程层次类型也不同。课程领域中存在"行政权力"和"自然权力"的性质区分,从而导致了"课程决策层次"和"课程运行层次"类型的不同。

一、决策层次

课程决策层次,是指由获得不同行政授权的人或机构进行决策而形成的课程层次结构。这是由课程管理体制决定的。近年我国课程管理体制从"中央一统"走向"三级分权",省级教育行政和学校分获了部分权力,于是形成国家课程、地方课程和学校课程三个层次。

（一）国家课程

国家课程,是由一个国家的立法机关或政府及其教育行政部门制定、颁布和组织实施的课程,具有一个国家的法律或行政权威,在一个国家的任何地方和教育机构里都是有效的。英国制定颁发的《1988年教育改革法》,建立起了中小学的国家课程,包括宗教教育,数学、母语和科学三门核心科目,以及历史、地理、工艺、音乐、艺术和体育等基础科目,外加第三和第四阶段的外语。我国目前是以国家课程为主,各个阶段的课程设置为:

小学一二年级有"品德与生活"、"语文"、"数学"、"体育"、"艺术（或者音乐、美术）"和"综合实践活动"等;

---

① 黄甫全主编:《现代课程与教学论学程》,人民教育出版社2006年版,第89~93页。

小学三至六年级有"品德与社会"、"科学"、"语文"、"数学"、"外语"、"体育"、"艺术（或者音乐、美术）"和"综合实践活动"等；

初中有"思想品德（或者历史、地理）"、"科学（或者生物、物理、化学）"、"语文"、"数学"、"外语"、"体育与健康"、"艺术（或者音乐、美术）"和"综合实践活动"等；

高中有"思想政治"、"语文"、"外语"、"数学"、"信息技术"、"物理"、"化学"、"生物"、"历史"、"地理"、"体育和保健"、"艺术（音乐、美术）"和"综合实践活动"等。

（二）地方课程

地方课程，是在一个国家内，由地方各级立法机关或政府及其教育行政部门制定、颁布和组织实施的课程，具有地方的法律或行政权威，在地方各级所辖范围的任何教育机构里是有效的。西方许多国家，如加拿大、美国、澳大利亚等，课程管理实行地方自主制，中小学课程以地方课程为主。而我国现行中小学课程体系，地方课程比较少，不过已经在有组织分步骤地进行探索和建设。比如，上海市和浙江省在20世纪80年代末期就被中央授权，探索和研制以地方课程为主的中小学新课程体系，已经取得了显著的成果和越来越大的影响。

（三）学校课程

学校课程，就是由一所学校自行确定和组织实施的课程，具有学校的行政权威，适用于整个学校。在实行学校独立制度的国家和地区，中小学课程几乎全部是学校课程，比如，英国、我国的澳门等。过去有一段时间内，我国中小学的学校课程主要是活动，如晨会（夕会）、班团队活动和科技文体活动等。现在，学校课程还涵盖着"综合实践活动"和各个学科或领域的选修课程。学校课程的确立，孕育起了校本课程的开发，进而促进了校本教师培训、校本教学研究以及校本管理等主题的萌生和发展。

国家课程、地方课程与学校课程之间的关系，实质是课程的集权与分权、统一与多样、标准与特色的平衡问题，它们主要受到国家政治体制和教育体制、文化发展水平和学校教育水平的制约。课程改革，需要调整和建构国家课程、地方课程和学校课程之间的关系，使其在新的经济、文化和社会背景里达到新的平衡。

二、运行层次

课程从编制到学生学习掌握，要经过许多人的运行转换。课程运行层次，是指课程在运行转换过程中不同的主体所形成的课程层次结构。它是课程主体的"课程意向活动"的结果，由于客观上人们处于不同的活动层次，有不同的意向活动，导致课程作为一种进程，实际存在着和包含着不同的层次。分析古今中外的课程，特别是考察我国课程从组织制定到学校实施的各个环节和实际状况，始终处于运行转换过程中的课程，实际上有理想课程、官方课程、校方课程、所教课程、所学课程和所得课程等六个层次。

（一）理想课程

理想课程，通常是指课程学者们按照一定的哲学或理论，以一定的价值观念为核心，建构的理论形态的课程。理想课程具有理想性和理论性特点，它实质上是一种与远大的课程发展目标相联系的特殊想象，表现为一种有特色的课程理论。理想课程是否具有影响，具有什么样的影响，主要由其合理性及其普及程度所决定。

（二）官方课程

官方课程，主要是由中央和地方教育行政组织制定、颁布和实施的课程。官方课程，又称"正式课程"或"文件课程"，一般包括课程政策，课程计划（教学或教育计划），课程标准（教学或教育大纲），教学材料等，主要规定主流课程理念，教育目的和培养目标，教育内容和主要教学材料。官方课程，总是表现出统一性特点，具有法律权威或行政权威以及强制性。

（三）校方课程

校方课程，是学校组织制定、颁布和实施的课程，在理论观念上受理想课程的影响，在目的目标和内容材料上被官方课程所决定。由于学校校长及其助手的课程研制水平参差不齐，校方课程可能出现两种相对的倾向：一是适应性创新，即适应文化、社会和社区的特殊需要，创新出有特色的课程，以满足教育水平及质量提高的需要；二是沦落为低水平，给学校教育水平及质量提高带来严重的负效应。

（四）所教课程

所教课程，是由学校的教师决定并组织学生学习的课程，包括知觉课程、教案课程和实施课程。知觉课程是存在于教师心目中和意识中的课程，是教师对校方课程，乃至对官方课程和理想课程的觉察认识与自己的课程理想相互作用的结果。教案课程是教师精心准备、设计并书写出来，将用来组织实施课程的教学计划。实施课程，是教师在实际的教育与教学活动过程中组织学生学习的课程。教师的权威和学习者的接受心理，决定了所教课程在课程层次结构中居于中心的地位。

（五）所学课程

所学课程，是在有组织的教育和教学活动中，学生按照学校和教师的组织和要求而实际学习的课程。它可能与所教课程是重叠的，也许超出了所教课程，也许仅仅是所教课程的一部分。表面上看，似乎教师的所教课程决定学生的所学课程。事实上，在学校实际教育和教学活动过程中，所教课程制约着所学课程，不过两者之间并不呈正相关。

（六）所得课程

所得课程，是学习者在教育和教学活动过程中，经过专门学习后内化为自身发展结果的课程。从现代学生发展为本教育价值观看来，在课程的层级结构中，所得课程是整个教育和教学活动的落脚点，是课程现实性的集中体现。忽视甚至悬置所得课程，将使得整个课程，甚至整个教育和教学活动，流于空想和空谈。

过去，人们比较重视的是理想课程、官方课程或校方课程，思考问题的出发点和逻辑是，从理想课程出发，循序而经官方课程、校方课程，再到所教课程，而所学课程和所得课程往往被忽略了。现在，需要转换思维逻辑，从学习者所得课程出发，突出并大力建构学习者所学课程和教师所教课程，进而据以改善校方课程和官方课程、建构理想课程，促进理想课程、官方课程、校方课程、所教课程、所学课程和所得课程的有机结合和整合。

课程类型[①]

课程类型，又被称为"课程种类"，是指一个教育系统或教育机构中具有某一相同属性或共同特征的课程所形成的汇集或种类。随着课程研制实践的发展，人们开发和区分出的课

---

① 黄甫全主编：《现代课程与教学论学程》，人民教育出版社2006年版，第473~482页，选入时稍有修改。

程类型越来越多。

（一）学科课程与活动课程

课程内容是以学科的形式还是以儿童的经验来组织，长期来都是课程领域争论最大的一个问题。这样，从根本形式上，课程就分为学科课程与活动课程或经验课程两种类型。

1. 学科课程：又叫"学科主题课程"或"分科课程"。学科课程从形式上、价值上、功能上、认识论上和联系上分别有不同的涵义。第一，从形式上看，学科课程作为教育学的一个术语，严格说来是与经验课程或活动课程相对立和对应的。第二，从价值上看，学科课程的价值取向偏向于社会本位主义。第三，从功能上看，学科课程重在实现教育的社会经济功能。第四，从认识论上看，学科课程把儿童的学习过程看成是一种简捷的纯粹理性认识过程，从而看重理论和间接经验。第五，从相互联系上看，学科课程之间也具有内在的有机结构，内在地具有整合的特性。

所以，学科课程是与活动课程或经验课程相对应的，学科课程是以学科的形式来区分和组织内容的一类课程，它以人类对知识经验的科学分类为基础，从不同的分支科学或学科中选取一定内容来构成对应的科目，从而使内容规范化和系统化。

2. 活动课程：又被称为"经验课程"或"经验学习"、"学生中心课程"。活动课程是与学科课程相对应的，以围绕学生的发展需要和兴趣爱好为中心、以活动为组织方式的课程形态。首先，活动课程是一种课程形态，是与学科课程相对应的，甚至相对立的。不过，活动课程并不是对分科课程的彻底否定，而是对分科课程的一种整合式超越，活动课程中超越性地包涵了分科课程。其次，活动课程是以儿童发展需要为教育和课程的价值尺度。第三，活动课程是以活动为组织课程内容和进行教育教学的根本形式。

与分科课程相比较，活动课程具有"学习的自主性"、"内容的广泛性"、"过程的实践性"、"个体的创造性"、"形式的多样性"、"组织的整合性"以及"结果的非唯一性"等特性。

（二）必修课程与选修课程

课程既是规定性的，也是被选择的，具体的课程是社会规定与儿童选择的统一。课程作为一种统一性的客观存在，既要实现社会的规定性，又要实现儿童的选择性，并形成两者统一的平衡形式。这样，从管理的角度，课程就分为必修课程与选修课程。

1. 必修课程，是一个教育系统或教育机构法定性的要求全体学生或某一学科专业学生必须学习的课程种类。必修课程，是相对于选修课程而言的，它的根本特性是强制性，是国家和社会权威在课程中的体现。

2. 选修课程，是一个教育系统或教育机构里法定性的，学生可以按照一定规则自由地选择学习的课程种类。选修课程根源于社会经济和文化的多元发展。选修课程又分为限定选修课程与任意选修课程两类。限定选修课程，是指在规定的范围内学生按一定的规则选择学习的课程，如学生必须在若干组课程中选修一定组数的课程，或在若干门指定的课程中选修一定门数的课程。任意选修课程，则是不加限制，由学生自由选择学习的课程。

（三）普通课程与专业课程

长期以来，中等专业教育和高等教育被强调和突出的特性是专业教育，而专业教育客观上需要普通教育的支撑，所以形成了普通课程与专业课程两种课程类型。实质上，普通课程与专业课程是两个相对的概念，处理的是课程内容的广度与深度问题。

1. 专业课程，是指直接为学生未来职业做准备而设置的各种专门学科领域的课程，可分为专业基础课与专业课两大亚类。

2. 普通课程，又叫"通识教育"，是指学校中开展的科学、社会和人文基础知识和基本素养的教育，旨在使学生获得基本文化科学素养，促进个性健康发展，增强未来工作适应性而构建的各种学科、教育和教学活动的总和。人们已经从性质、目的和内容三个角度对通识教育概念内涵作出了初步界定："就性质而言，通识教育是高等教育的组成部分，是所有大学生都应接受的非专业性教育；就其目的而言，通识教育旨在培养积极参与社会生活的、有社会责任感的、全面发展的社会的人和国家的公民；就其内容而言，通识教育是一种广泛的、非专业性的、非功利性的基本知识、技能和态度的教育。"

课节4【参考资料】

课程资源的定义、特点和分类[①]

一、课程资源的概念

课程资源的英文是"Curriculum Resource"。"Resource"是"供满足需要的东西"，或"储藏以备需要时提取"之物。早期人们使用的是"课程来源"的概念，这是编制课程、选择课程知识必须关注的。波得（Bode, B. H.）从学科专家的视点、实践者的视点和学习者的兴趣三个来源上考察了课程目标的维度与矛盾。[②] 而泰勒则把课程目标的来源分为"对学习者本身的研究"、"对校外当代生活的研究"和"学科专家对目标的建议"[③]。

后来人们认识到，泰勒仅仅把这三个方面作为课程目标的来源是一个缺陷，主张要重视这些来源对整个课程与教学活动的强大影响力。确实，学习者、社会和学科知识不仅是确定课程目标和选择课程知识内容的来源，也是整个课程与教学活动的全过程必须始终依托的资源。后来，泰勒也拓展思路，从课程目标、教学活动、教学活动组织、课程评价等四个方面来考察课程资源的含义。泰勒所理解的课程资源，是指进行课程编制所需要了解的情况、知识、背景和条件等。

因而，课程资源是指能为课程与教学活动所用并满足其需要的一切素材和条件。[④] 课程资源，包括对课程理念形成、目标确定、内容选择、课程实施和课程评价等有价值的知识和经验，包括能保障课程与教学活动得以进行的人文环境、物质设备和材料。所以，课程资源所指有广义与狭义之分，广义的课程资源对课程活动而言是潜在的、非直接的，它本身不是专门为课程活动而存在的，只有人们开发课程时，它才被考虑进来作为课程开发的一种素材或条件。如一定的物质设施和经济条件可以被用于开发课程，也可以被用于其他事业。狭义的课程资源是指直接构成课程与教学的各因素的直接来源，它对课程与教学的作用是直接的。

---

① 黄甫全主编：《现代课程与教学论学程》，人民教育出版社2006年版。
② Tanner, D. &Tanner, L. N.. Curriculum Development: Theory into Practice (2nd ed.). N. Y.: Macmillan. 1980. p. 79.
③ ［美］泰勒著，施良方译：《课程与教学的基本原理》，人民教育出版社1994年版，第3~25页。
④ 参见范兆雄：《课程资源概论》，中国社会科学出版社2002年版，第3页。

二、课程资源的类型与要素

(一) 课程资源的类型

课程资源十分庞杂,为了便于分析与研究,人们总要对其进行归类。但由于角度的不同,课程资源类型的划分也不相同。而每类课程资源,都有自身的价值。

1. 校内课程资源与校外课程资源。可能被纳入课程与教学活动并产生作用的知识、经验和物质条件等,按照空间范围划分,凡是在学校范围之内,都是校内课程资源,而超出学校范围以外的就是校外课程资源。我们除了充分挖掘、利用、建设好校内课程资源,为课程开发提供有力的保障,还必须与校外课程资源密集的单位建立长期合作的关系,或与校外单位保持必要的联系,以便充分利用校外的课程资源,开发校外课程。

2. 素材性资源和条件性资源。素材性资源是构成课程的因素,是课程的来源。如知识、技能、经验、活动方式、情感态度和价值观等属于素材性课程资源。条件性课程资源不能成为构成课程的因素,只是为课程运作提供保障,决定着课程的实施范围和水平。如资金、时间、场地、媒介、设备、设施和环境等属于条件性课程资源。[①] 课程研发,既要充分利用课程素材,也要加强课程条件建设。

3. 原初性课程资源、粗加工课程资源和精加工课程资源。原初性课程资源主要是指那些可以作为课程构成因素和条件保障的一切。它们主要不是因为课程活动而存在的,正如某地的一个公园,它不是为课程活动建造而是作为城市的一种人文景观而存在的,当教学活动中组织学生参观公园时,它才成为一种重要的课程资源。粗加工的课程资源,指课程文件、课程政策文件、课程与教学材料等;精加工的课程资源,指经过认真雕琢的、具有许多课程品性的精细的课程资源。原初性课程资源很多情况下不会成为参与课程活动的因素,但是精加工的课程资源则是课程活动必不可少的依托。粗加工的课程资源还需要教师进行认真的筛选、提炼、组织与加工,才能纳入课程活动之中,成为课程活动的因素。

(二) 课程资源的要素

课程资源,包括物质资源与非物质资源两个子系统,其中非物质资源子系统包含思想资源、知识资源和经验资源三大要素,物质资源子系统包含人力资源与物力资源两大要素。

思想资源,指一切有可能参与课程与教学活动之中,影响课程与教学活动的各类人员所具有的全部思想观念。它支配教育系统中的教师、学生、管理者、研究人员和其他工作者的各种观念。这些观念可以分为三类:有关自然界的思想,即对于自然的形成、发展、本质的个体认识;有关社会的思想,即社会价值观、道德观、发展观等;有关人——个体的人和人类的思想,即对人和人类行为的认识、对人的心理发展、对人类语言现象等的观点。

知识资源,指全部人类知识。它既包括描述自然,揭示自然规律的自然知识,又包括描述人类社会,揭示社会运动规律的社会知识。而数学知识可以描述社会的关系,也可以描述自然的关系,还可以描述社会与自然之间的关系;语言知识既涉及生理的、物理的自然现象,也涉及思维的、交往的社会内容。因此,课程知识资源可以分为四大类:语言知识、数学知识、自然知识和社会知识。

经验资源,指教育系统的教师、管理者、研究者、工作人员和学生所具有的个人经历的

---

① 参见吴刚平:"课程资源的理论构想",《教育研究》,2001年第9期。

总和。他们各自的经验有所同也有所不同，他们都有受教育的经验、社会和学校生活经验，而各自的经验内容、性质与水平等则不一样。教师的经验是起主导作用的课程资源，它支配着课程与教学活动的过程，这是不容否定的现实。不管教师是持学生主体观，还是持教师主体观，他们的经验都会不自觉地进入他们的教学活动过程中。学生的经验是课程与教学活动的基础，刚刚跨入学校大门的学生，主要依赖于学前的生活经验，然后，他们在学校中渐渐地形成一整套的学校经验，包括学习经验、与教师交往的经验、学校生活经验、学校社团活动经验等。

人力资源，指组织课程与教学活动所拥有的劳动力的总量及其活动，涉及课程人力资源的理解、供给、配置与开发等课题。课程人力资源，受制于社会经济系统的供求规律，所以必须研究教育系统中的教师、学生、管理者、教育研究人员的供给与需求状况，探索课程人力资源的管理特点和调配方式。

现代课程与教学活动不仅有具体形态的物质内容，而且还离不开财力——符号化了的物力的支持。课程物力资源，由物质资源和财力资源两个要素构成。按性质，课程物质资源分为自然的和人造的两个部分。课程财力资源，按来源分为"政府拨付"、"社会支持"和"学校开发"三部分，即各级政府可能用于课程与教学活动的最大财力的指标、各种社会组织（企业、社会团体）提供的财力支持、学校及其他教育机构用于课程设计、实施和评价的财力。

随着信息技术的发展，网络已经进入人们的社会生活，并产生了广泛的影响，它已成为一种独特的资源。它既需要物质设备的支持，投入大量的资金进行建设，又是一个虚拟的世界。随着网络教育的发展，虚拟学校已经成为现实，网上课程不仅将现实课程虚拟化，而且促进了新课程形式的产生。这种新的课程主要是通过虚拟现实技术，使人置身于其中，获得的感受不仅以模拟真实为目标，而且正在向着新的专业教学技术发展。在当代课程与教学领域，网络资源具有物质与信息的双重特性，是一种特殊而前景广阔的新兴资源。

单元五 学 会 教 学

课节1【参考资料】

教学的含义

材料一：

教学过程实质上是教师引导学生学习的教与学相统一活动的时间进程。它的指称有五个层面：一是指以一节课为时间单位、从开始上课到下课的教学过程；二是指为完成一个教学单元或一个相对独立的学习课题的教学任务，从开始到结束的整个教学过程；三是指在一个教育阶段里，如小学、初中、高中、大学、研究生读书期间等，从开学到毕业的教学过程；四是指贯穿在从幼儿园到大学的整个学校教育系统中的教学过程；五是指在人类历史发展进程中的教学过程。

（资料来源：黄甫全主编：《现代课程与教学论学程》，人民教育出版社2006年版。）

材料二：

1. 教学活动是人类社会一种特殊的精神文化活动。它具有人的活动的一般规定性，同时又有其特殊性。揭示教学活动的特性、个性，是教学论研究的重要任务，对教学实践也具有积极意义。

2. 促进学生的发展是教学活动的基本宗旨和基本功能。教育是专门培养人的社会活动，以培养人为己任，是教育区别于其他活动的根本特征。教学是教育系统培养人的主要途径和形式，促进学生发展是教学活动的基本目的。在历史上，由于具体社会条件的差异，人们对教学目的的理解和主张多种多样，分歧很大。有的重视技能提高，有的重视知识获得，有的关注信仰信念，有的着力于锻炼智力，有的关怀人格完善，等等。但是，不管具体的教学目标有多大差异，教学活动总是要这样或那样地促进学生由不知向知、由不能向能、由随意向规范、由自发向自觉转化。简言之，教学总要致力于促使学生发生积极的变化。这是教学的共性，是教学的本质特征之一。教学活动具有多种功能，如传播文化、促进经济繁荣、维护社会稳定，等等。而促进学生发展，是其基本功能。教学的其他功能，只有落实到学生发展上才能变成现实；或者说，教学的其他功能，是因学生发展而带来的社会效果。

3. 教学活动存在着独特的三体结构。人的一般活动是主客体相互作用的过程，存在着主体——客体的二体结构。教学活动同样是主客体相互作用的过程，但比一般的二体结构复杂，存在着独特的三体结构。教师、学生和教学内容，是构成教学活动的基本要素。这样，教学活动就存在着教师与学生、教师与教学内容、学生与教学内容三对基本矛盾，其中，学生与教学内容的矛盾是最核心的。学生与教学内容的关系，是认识活动中的主客体关系，主要是学生作为认识主体如何掌握作为认识客体的教学内容的问题。但是，学生认识教学内容从而获得发展的过程，是在教师的设计、组织和参与下进行的。教师要从有利于学生学习和发展的角度对教学内容进行选择、改造和加工，要对学生的学习过程进行设计和指导，并要以适当的方式组织学生学习教学内容。简言之，学生认识教学内容的活动，又是教师工作的对象。这样，整个教学活动，就存在着学生认识教学内容、教师组织与引导学生认识教学内容等两个不同层次的主客体关系。两种主客体关系，构成一种镶嵌式的三体结构。这是教学活动区别于其他社会活动的重大特征。

4. 教学活动过程具有双边性。一般的认识或实践活动是在人与物的关系基础上展开的，是人发挥主观能动性去把握、改造物的过程。教学活动是教师教学生认识的活动，不仅存在人与物（学生与教学内容、教师与教学内容）的关系，而且存在着人与人（教师与学生）的关系。用人（教师）来影响人（学生），是教学乃至整个教育活动的基本特色，这和人把握、改造物的过程具有实质性的区别。一般的活动是单向的，而教育教学活动则具有双边性，即存在着师生两方面的主观能动性以及师生的交往互动性。在教学活动过程中，师生扮演着各自特定的工作角色，协同发挥双方的主体性。师生积极性的高低以及双方积极性协调的程度，对教学活动的进程和效果具有决定性影响。此外，在教学活动中，教师和学生还作为具体的整体的人而交往和行动。师生的个性特征、生命状态以及相互之间的交往互动，构成师生角色行为的重要背景和基础。师生之间的交往互动，是教育活动的重要侧面，是人一人关系的生动体现。

概括地说，教学活动就是在师生交往互动的基础上教师组织、引导学生认识教学内容从而促进学生身心发展的活动。学生发展、三体结构和双边互动是教学活动的重要特征。

（资料来源：黄甫全、王本陆主编：《现代教学论学程》，教育科学出版社1998年版。）

材料三：

教与学关系新论

孟令全[①]

一、教与学的矛盾，是教学过程中的主要矛盾

教学通常由四个因素组成，即教师、学生、教学内容、教学手段。教学是由这些要素相互作用、相互制约、相互影响而形成对立统一的整体。于是便形成了四种关系，即教师与学生之间的关系，教师与教学内容、教学手段的关系，教学内容与教学手段的关系。这四种关系，也就构成了教学过程中的四个矛盾。在四个矛盾中，教师的教和学生的学的矛盾是教学过程中的主要矛盾，其他则为次要矛盾。教与学之间的矛盾，对其他矛盾起领导、决定、制约、支配的作用。教学过程，其实就是教师的教与学生的学之间一个又一个的矛盾不断得到解决的过程，教学内容、教学手段不过是师生关系的中介，是连接二者之间的纽带。教学内容虽然关系到每个教师的教学工作，教师在教学过程中对教学内容的把握也会因人而异，会带有主观的、个性化的色彩；但教学内容具有一定的统一性、稳定性和权威性，教师和学生自主选择的余地不大，在教学中不会起到关键和决定性的作用。至于教学手段，更是受教师的常识和教学能力的制约，受教学内容的制约，在教学中，一般只能起到辅助的作用。由此看来，抓住教与学这个矛盾，把它当做主要矛盾来解决，其他矛盾才有可能迎刃而解。教与学的矛盾没有得到很好的解决，再好的教学内容，再好的教学手段，都不会在教学过程中起到积极的、促进的作用，甚至还会出东施效颦的笑话。

二、在教与学的矛盾中，学生的学是矛盾的主要方面

（一）从教师应该如何教看学生的学是矛盾的主要方面

教学内容的确定，是以社会对人才的需要作为依据的。社会需要什么样的人才，就制订与其相适应的教学内容。同时，教学内容的确定，还要以学生的身心发展、成长成才的需要为依据；以学生的认知规律和各个年龄段的特征为依据，任何脱离学生的学习需要，违背学生的认知规律及忽视学生的特征的教学内容都不会取得应有的教学效果，甚至会对学生的身心发展造成负面影响。因此，社会对人才的需要和学生需要学什么是相一致的，教学内容的确定，既要符合社会对人才的需要，也要适应学生学习的需要，适应学生的认知规律和心理特征。

教学内容，对教师的教和学生的学会起到制约作用。首先，教师和学生都要以教学内容为依据进行教与学，不能教师想教什么就教什么，学生想学什么就学什么，如若这样，教学就会陷入无政府状态，就会出现盲目的混乱的教学。但是，教学内容的确定，并非是以教师

---

① 孟令全是我国教育部基础教育课程教材发展中心课题组小学语文能力评价项目负责人、人民教育出版社副编审。

的教为依据，而是以学生学的需要作为主要依据的。因此，教师的教，必须要符合和适应学生的认知规律和心理特征，在研究教学内容的同时，还必须研究学生的认知规律和心理特征，并根据教学内容和学生的认知规律及特征确定应该如何教。即是说，教师如何教有两个依据：一是教学内容，二是学生。教学内容是已经基本确定了的，而通过教师的教，如何使学生能够掌握教学内容，就成了问题的关键所在。如果教师的教只考虑教学内容，不考虑或忽视学生的需求，这样的教学就有可能是照本宣科、无的放矢或注入式的教学。现代化生产具有严格划一的操作程序，操作者只要按照固定的程序操作，就可以生产出合格的产品。在整个操作的过程中，操作者自然是决定性的因素，或者说，是矛盾的主要方面。教师面对的不是机器，不是仪器，不是容器，而是有思想、有情感的人。学生的学，也绝非如机器、如仪器、如容器，被动地被他人去操纵、去堵塞。学生的学，是有其自身规律的。教师只有按其规律进行教的时候，学习的内容才能被学生所接受，才能被学生所吸收和消化。否则，要么受到排斥和拒绝；要么是食而不化。由此观之，教师的教，是受学生的学所制约的，要服从于学生的认知规律，要适应学生的心理特征，要以学生的学决定应该如何教。以学定教，正是对教与学关系的最好概括。教无定法，是说教学从来就没有一成不变的方法，从来就不是单一固定的模式；教必有法，这个"法"指的就是教师的教与学生的学的完美结合。通过现象看本质，本质就是学生的学是教与学这个矛盾中的矛盾的主要方面。

(二) 从内因和外因的关系看学生的学是教与学矛盾的主要方面

教学过程，从本质上讲，就是解决知与不知的矛盾运动的过程。解决谁的知与不知的矛盾，自然是学生的知与不知的矛盾，就是解决学生由不懂到懂，由不会到会，由不能到能，由不知到知，由知少到知多的矛盾转化过程。辩证唯物主义认为，事物发展变化的根本原因在于事物内部的矛盾运动，即内因是依据；外因则是第二位的原因，是事物发展变化的条件。既然教学的本质是解决学生的知与不知的矛盾，那么，教师的教，教学内容，教学手段，对学生来说都是第二位的原因，都是外部条件，即都是外因；而学生，只有学生才是教与学这一矛盾发展变化的根本原因，即内因。"师傅领进门，修行在个人"就是师生这种内外因关系的生动写照。

学生对学习的渴求和愿望，持久不断的学习积极性，自学勤奋的学习精神以及认知规律和心理特征正是学生学习内因的具体体现。教师的教，就是激发学生学习的愿望和兴趣，尊重和适应学生的认知规律和心理特征，只有这样，学生的学习动机才能很好地开动起来。否则，学生的学习内因就不可能最大限度地发挥出来，教师的外因条件作用也不可能最大限度地深入进去。深入进去和发挥出来的关系，正是内因和外因的辩证关系。归根结底，学生的学是学生自己的事情，任何人包办不得，替代不得，强制不得。教学中教师的包办、代替、强制，是对内外因关系的颠倒，是违背辩证法的。

综上所述，在教与学的矛盾中，学生的学是矛盾的主要方面；教师的教是矛盾的次要方面。认识到这一点，对摆正教与学的关系，建立正确的学生观，建立正常的师生关系，乃至正确处理教学中出现的各种矛盾，都有着十分重要的意义。

三、良好的师生关系对教学起积极促进的作用

(一) 教与学的关系是师生关系的组成部分，是师生关系的表现形式之一

教与学的关系是师生关系的组成部分，是师生关系的表现形式之一。师生之间的关系既

体现着人与人之间的一般关系，也体现着人与人之间的特殊关系。这种特殊关系就是教育者和被教育者之间的关系。考察教与学的关系，不能仅就教与学，孤立地去谈教与学的关系。教与学，不是简单的教师的教、学生的学，不是简单的知识传承的关系；也不仅是物与物、事与事、人与物或事之间的关系，它主要体现着、渗透着人与人之间的关系。因此，教与学的关系既有它的特殊性，又不能脱离人与人之间的关系而独立存在。其实从本质意义上讲，教与学的关系就是师生关系。我们应该从教与学的关系中，更多看到的是人与人的关系。

（二）给教与学的关系以更多的人文观照

在古代学校教育中，教师是统治阶级在学校的代表和工具，并拥有和垄断知识。这就决定了教师在学校的权威和尊严的地位。学生在这种专制教育的学校里，必须按照统治阶级的意志和需要，服从于学校种种强制性的教育和规定，学生永远处在受制于教师和向教师乞求知识的被动和屈从的地位。教师和学生对自己在学校的地位都很明确，且深信不疑。师生之间无平等而言。人们从来都在讲师道尊严，师道尊严的起初意义是"师严道方尊"，演变至今，却完全成了教师的尊严，自古以来很少有人讲过学道尊严。学生只有尊重教师的义务，稍有不从便被视为大逆不道。在漫长的封建社会里，这种师尊徒卑的意识是那样深入人心，并在不断得到强化，学生的意志、学生的情感、学生的人格、学生的尊严，则无从谈起，古人云，这样的教育对学生来说，简直就是"蹂躏其身而残贼其生"。社会的变化，社会思想和社会面貌的变化，往往首先表现为伦理思想的变化，这是一个社会进步或衰退的重要标志。今天的社会，是以人为本的社会，讲得更多是人文精神，是人与人之间的平等，是对人的尊重。学生，作为社会的人，在人格上，与教师是平等的，学生的人格和情感理应受到社会和教师的尊重。因此，师生关系就有了新的定位、新的概念。师道尊严，学生应该尊重教师，这是对的，但是不全面的，因为它只讲了问题的一方面；学道同样也是有尊严的，教师应该尊重学生，只有既讲师道尊严，也讲学道尊严，师生之间应该相互尊重，才是全面的。

（三）教师对学生的尊重重在对学生认知规律和心理特征的尊重

教师对学生的尊重，首先应该体现在对学生人格的尊重上，但是仅有对学生人格上的尊重是不够的。因为教师和学生毕竟还有着一层特殊的关系，即教与学的关系。教与学的本质是解决学生的知与不知的矛盾，为解决这一矛盾，教师除了要尊重学生的人格外，还必须尊重学生的认知规律和心理特征。尊重学生，以学生为本，不是抽象的，不是一句空话，而是十分具体、生动的。可以这样说，在教学中对学生认知规律的尊重是对学生最大的尊重，是对学生成长成才的最大关怀，并应该成为教师在教学工作中重要的价值取向。教师只有深入了解学生的认知规律，并老老实实按照学生的认知规律进行教学，才有可能达到预期的教学目标；任何违背学生的认知规律的教学，都将受到规律的惩罚。

因此，教师必须以他们的教学手段适应学生的认知规律和特征，才使教学取得了较好的效果。如果把学生的认识比做一条长河的话，教师的作用无非是千方百计打开河水的闸门，使其在向前奔流的过程中，既不分流泛滥，亦不断流干涸，并使其自然而顺畅地流入大海。

知识有难易之分，在教学中，从某种意义上讲，教师就是做这种难和易的转化工作。不管是自觉的还是不自觉的，教师既可以使知识由难变易，也可以使知识由易变难或难上加难。有一次，听一位教师指导学生第一次学习写命题作文的教学。一上课，教师就以极严肃的口气讲，命题作文很难，并对如何难做了大量的渲染。教师的这一开场白似乎没有什么可指责的，因为他讲的是事实。命题作文对学生来说确实比较难，对刚刚接触命题作文的小学生来说就更难。教师这样讲的本意是强调命题作文的重要性，以期引起学生的注意。但是有一点他忘记了，他面对的是四年级的小学生。如果教师在后面的教学中能采取有效的教学方法，使学生学会如何写命题作文，倒有可能冲淡教师开场白给学生造成的恐惧心理，然而，结果恰恰相反，由于教师不恰当的教学方法，导致了不良的教学效果。更为严重的是，不良的教学效果起到了验证命题作文确实难的作用。由于这位教师缺乏对学生特征的了解，使学生产生畏惧作文的心理，教师实际上是在不知不觉中做着使知识难上加难的工作。成年人在希望孩子这样做而不那样做的时候，为省事起见或想不出什么好办法时，便常常用"狼来了"之类的话吓唬孩子。"狼"虽然始终没来，但是却在孩子的心理上留下了阴影。教师如果经常向学生有意无意地夸大或渲染学习的困难，则是对学生学习自信心的极大伤害，极易给学生造成对学习的恐惧感。小学生由于年龄的关系，他们对自己的情感和意志的调节能力还比较弱，这就需要教师在教学中，为学生创造良好的学习情境，因为环境会引起人的心境的变化，尤其是小学生，受环境的影响更大。良好的环境往往会使学生保持一种积极的心境，即舒畅、振奋的心境，而积极的心境，又有利于学生学习的主动性、创造性的发挥，有利于学生勇于克制困难意志的培养和学习信心的建立。

从以上两个事例不难看出，尊重和违背学生的认知规律，适应和忽视学生的心理特征，在教学中所取得的教学结果是大不一样的。

（四）良好的师生关系对教与学起积极的促进作用

成功的教学，不仅可以从教学目标的确定、教学手段的使用、教学任务的完成等方面找到原因，还可以从师生关系上找到原因。良好、融洽的师生关系在教学中的作用是十分巨大的，它是教学过程得以顺利进行的基本保证，是敞开教与学的一扇大门，是完成教学任务，达到教学目的的一条快速、宽敞、平坦的大道。

培养学习的积极性是多方面的，其中重要的一条就是师生之间感情的融洽。师生关系融洽，教师讲的学生就爱听；师生关系紧张，学生对教师有抵触情绪，教师对学生的教育成效就会大打折扣。教师粗心大意、简单粗暴的教育方式，实际上就是关闭了学生接受教育的大门。如果学生带着与教师对立的情绪，那么他们在学习中的积极性以及思维、理解、记忆、想象等一切认知机能就会受到阻抑。如果把整个教学比做一架机器的话，教师和学生就是机器上两个互相咬合的部件，融洽的师生关系则是这两个部件正常运转的润滑剂。有一位教师曾经这样说：我用尊重和信任赢得师生关系的融洽，我用学生学习的积极性，赢得良好的教育、教学效果。

四、要辩证地看待教与学的关系

辩证唯物主义还告诉我们，在矛盾发展的一定过程或一定阶段上，矛盾的主要方面和非主要方面是可以相互转化的，因此，在教与学的过程中，教与学的关系并不是一成不变的。当然，在教与学的矛盾中，学生的学一般表现为主要的和起决定的作用，但是，在一定条件下，教师的教会转过来表现为主要的决定的作用。尤其是小学生，独立意识较差，自控能力较弱，认识能力较低，生活经验较少，知识水平有限，教师的作用就显得尤为重要。在学生不知、不能或知之甚少、能之甚少的时候，教师的教应该是起决定作用的；在学生具备了一定的知识水平和学习能力的时候，就应该充分发挥学生学习的主动性，培养他们自主学习的能力，使学生成为真正的学习主人。"师傅领进门，修行在个人"，这话说得符合辩证法。在徒弟未入门之前，要靠师傅去领，去引导，就入门而言，师傅是起决定作用的，不能让徒弟在门前绕来绕去，感到无路可走,无门可入。在课堂教学中,任何轻视、排斥、否定教师地位和作用的想法和做法都是错误的,都是有害无益的。当前教学改革中,有许多新的教学理念,但是新理念的提出,不是对过去的全盘否定。这里就有一个继承和发展的问题。因为新的观念不是建立在虚无基础之上的,新的观念的建立是对旧的观念的否定,但否定的只是旧观念中的错误的观念。新与旧,并不完全等于正确与谬误。实践是检验真理与谬误的唯一标准。在教学实践中,根据中国的国情,因地制宜,根据教与学的规律,实事求是,才有可能使教学改革沿着健康的方向前进。

(资料来源:《课程·教材·教法》,2004年第7期。)

课节2【附件】

教学原则在教学实践中具有重要意义,教师要顺利地进行教学,就必须明确教学活动中应遵循的一系列教学原则。

教学原则是人们根据一定的教学目的、遵循教学规律而制订的指导教学工作的基本要求。教学原则受教学目的制约,是为实现教学目的服务的;教学原则的形成和应用,以教学原理为基础,有赖于人们对教学规律的认识;教学原则用来指导教学实践,对教学内容、教学方法、教学组织形式的设计与运用起指导作用。

(一)教学原则的依据

教学原则不能主观臆造,必须立足教学实践经验、依据教学目的和遵循教学规律。

1. 教学原则是教学实践经验的概括和总结。人们在长期的教学实践中,不断从成败经验教训中进行分析总结,由感性认识上升到理性认识,从而制定出教学原则。如《学记》提出"教学相长"、"长善救失"的主张,朱熹总结出"循序而渐进,熟读而精思"等。随着教育研究、教育实验的发展,教学原则进一步通过实验研究,更加自觉地概括出来。如赞科夫根据近20年的教学改革实验,提出了五条著名的具有启发意义的小学教学新原则。

2. 教学原则是教学规律的反映。教学原则虽然是人们主观制定的,但是反映了教学过程的客观规律。由于教学原则与教学规律的关系很复杂,因此规律与原则不是一一对应的关系,根据一条规律可以提出好几条教学原则,而一条教学原则也可能反映着不同规律的要求。由于教学原则是人们根据对教学规律的认识而制定的,因此受到人们认识的制约,具有时代的特点。随着科学技术的进步,人们对教学规律的认识不断深入,教学原则将不断完善和发展。

3. 教学原则受到教学目的的制约。教学目的是教学工作的出发点和归宿,它规定了教学活动的发展方向和预期结果,指导和支配着教学活动的各个方面。任何教学原则体系的确定,都要依据和反映教学目的。随着教学原则的研究不断深入,我们不仅要进一步充实与完善传统的教学原则体系,而且还要根据哲学、心理学、系统论与控制论等理论提出和构思新的教学原则体系。

(二)教学原则的发展

教学原则作为一个研究范畴,主要源自苏联。20世纪50年代,我国全盘引进苏联的教学论体系,重视对教学原则的研究,对我国的教育教学产生了重大影响。文化大革命结束后,一方面已有的教学原则体系在学校教育实践中的影响越来越广泛,并在教育理论界继续受到重视;而另一方面,随着英美课程与教学新理论的引进和借鉴,人们开始对"教学模式"、"教学策略"和"教学方式"问题越来越关注,而英文 principles of instruction,既可译成"教学原则",还可译为"教学原理",它通常包含应用哲学、心理学和社会学等新理论来阐释教学的原理、过程、策略与方法。这显然与我国现行的"教学原则"研究范畴是无法直接对应的,甚至导致了两者的矛盾和冲突。因此,当代我国的"教学原则"研究慢慢地进入了一种酝酿着新发展的相对沉寂的状态。

(资料来源:黄甫全主编:《现代课程与教学论学程》,人民教育出版社2006年版,第678~679页。)

课节3【附件】

教学方法的本质

什么是方法?概括地说,方法是指向特定目标、受特定内容制约的有结构的规则体系。这样看来,"方法"这一概念至少有三个基本规定:第一,方法受特定价值观的制约,旨在实现特定目标。方法不是价值中立的、放之四海而皆准的,而是受特定价值观的制约并体现特定价值观,即使是自然科学方法,同样如此。方法是人根据特定目标、为了实现特定目标而制定的操作系统和步骤,所以,方法具有目标指向性。第二,方法受特定内容的制约。哲学家黑格尔曾说,方法是"关于内容的内部的自我运动形式的意识",就是说,方法不是任意规定的,它受特定内容(所作用的对象)的内在逻辑的制约,是特定内容的引申。从词源看,"方法"的英文是"method",德文是"methode",该词源于希腊文"methodos",其意为"某种事物的'引申'"、"某种事物的内在逻辑与结构的'追踪'"。① 这就是说,内容决定方法,方法受内容制约。第三,方法是有结构的规则体系。方法是特定目标的指引,受特定内容的制约,是基于目标与内容的认识和理解的操作规范,所以,它是有计划、有系统、有结构的。

什么是教学方法?教学方法是指向特定课程与教学目标、受特定课程内容所制约、为师生所共同遵循的教与学的操作规范和步骤。它是引导、调节教学过程的规范体系。

我们可以从以下三个方面把握教学方法的本质:

第一,教学方法体现了特定的教育价值观,指向实现特定的课程与教学目标。有什么样的教育价值观,就有什么样的课程与教学目标。有什么样的教育价值观,就有什么样的课程与教学目标,也就有什么样的教学方法。脱离了特定的教育价值观和相应的课程与教学目标,就无法选择也不能理解教学方法。罗杰斯的人本主义的"非指导性教学"在斯金纳看来是取消教育,而斯金纳行为主义的"程序教学"在罗杰斯看来根本是违反人性的。因此,要把握一种教学方法的本质,就必须着眼于它所体现的根本的教育价值观,看它究竟是指向怎样的课程与教学目标。另一方面,特定的教育价值观、特定的课程与教学目标也必须依靠相应的教学方法来实现和达成。不能具体到教学方法的目标与价值,终究是一纸空文。

第二,教学方法受特定的课程内容的制约。杜威早在1916年出版的《民主主义与教育》中就深刻地指出:方法与教材是统一的——方法总是特定教材的方法,教材总是方法化的。我们并不否认"一般教学方法"的存在,从特定的教育价值观和对人的心理过程的认识中,可以引申出教学方法的一般要素与规范。但是,这些教学方法的一般要素与规范要真正对教学过程起作用,还必须与特定的课程内容结合起来。这种结合反映了特定课程内容的内在要求,这是一般教学方法的具体化过程,这种具体化是深刻的质变过程,而不是在各

---

① 参阅[日]佐藤正夫著,钟启泉译:《教学论原理》,人民教育出版社1996年版,第242页。

种具体课程内容中简单地对一般教学方法进行"贴标签"的过程。各门学科的教学必须运用适合各自学科内容的思维方法、研究方法、研究手段,教师要探讨并把握各门学科的方法论特性。唯有如此,一般教学方法才能作为教学方法的一般基础发挥作用。

第三,教学方法还受教学组织的影响。教学组织形式会直接影响教学方法的选择。例如,在个别化教学组织中就难以实施有效的集体讨论式的教学方法,而在班级授课组织中,真正采用自主型教学方法也是要受到根本限制的。反过来,教学方法也会影响教学组织。所以,教学方法与教学组织也是内在统一的。

由此看来,作为特定的教育价值观的具体化的课程与教学目标、课程内容、教学方法、教学组织,四者在动态交互作用中融为一体,这就是教学过程。

(资料来源:张华:《课程与教学论》,上海教育出版社 2000 年版,第 210~212 页。)

课节 4【参考资料】

教 学 设 计

一、教学设计的含义

根据教学系统的特性,国外学者布里格斯(Leslie J. Briggs)认为,"教学设计是分析学习需要和目标以形成满足学习需要的传送系统的全过程"[1]。在此基础上,瑞达·瑞奇(Rita Richey)提出了他的观点,认为教学设计是"为了便于学习各种大小不同的学科单元,而对学习情景的发展、评价和保持进行详细规划的科学"[2]。这两个定义,描述了教学设计的根本特性。但教学设计的其他特性也不应被忽视,那就是教学设计是设计的一种类型,它是把教与学的原理用于策划教学资源和教学活动的系统过程,是教学理论、学习理论、设计思想和技术应用相结合的综合系统。

国内有的学者认为:"教学设计是以获得优化的教学效果为目的,以学习理论、教学理论和传播理论为理论基础,运用系统方法分析教学问题、确定教学目标、建立解决教学问题的策略方案、试行解决方案、评价试行结果和修改方案的过程。"[3] 也有的学者认为:"所谓教学设计,就是为了达到一定的教学目的,对教什么(课程、内容等)和怎么教(组织、方法、传媒的使用等)进行设计。"[4]

教学活动具有明确的目的、丰富的内容、复杂的对象、不同的形式、多样的方法、灵活的传媒、固定的时间、繁重的任务以及影响教学活动的各种多变的因素。教学活动要在诸多因素影响下,取得令人满意的绩效,优质高速地达到预定目标和往常预期任务,更需要对其进行全面细致的安排和精心巧妙的设计。因此,教学设计是指在进行教学活动之前,根据教学目的的要求,运用系统方法,对参与教学活动的诸多要素所进行的一种分析和策划的过程。简言之,教学设计是对教什么和如何教的一种操作方案。

---

[1] 转引自孙可平著:《现代教学设计纲要》,陕西人民教育出版社 1998 年版,第 7 页。
[2] 同上。
[3] 王辉等主编:《学校教育技术操作全书》,经济日报出版社 1999 年版,第 577 页。
[4] 李伯黍等主编:《教育心理学》,华东师范大学出版社 1993 年版,第 297 页。

二、教学设计的特点

教学设计具有以下特点:

第一,教学设计强调运用系统方法。教学设计把教学过程视为一个由诸要素构成的系统,因此需要用系统思想和方法对参与教学过程的各个要素及其相互关系作出分析、判断和操作。这里的系统方法是指教学设计从"教什么"入手,对学习需要、学习内容、学习者进行分析;然后从"怎么教"入手,确定具体的教学目标,制定行之有效的教学策略,选用恰当的、经济实用的媒体,具体直观地表达教学过程各要素之间的关系,对教学绩效作出评价,根据反馈信息调控教学设计各个环节,以确保教学和学习获得成功。

第二,教学设计以学习者为出发点。教学设计非常重视对学习者不同特征的分析,并以此作为教学设计的依据。它强调充分挖掘学习者的内部潜能,调动他们学习的主动性和积极性,突出学习者在学习过程中的主体地位,促使学习者内部学习过程的发生和有效进行。它注重学习者的个别差异,着重考虑的是对个体学习者的指导作用。这与传统教学的、以学习者平均水平作为教学的起点具有明显的差异性。

第三,教学设计以教学理论和学习理论为其理论基础。教学设计依赖系统方法,可以保证过程设计的完整性、程序性和可操作性,但设计对象的科学性是系统方法无法解决的。保证设计对象的科学性,必须依据现代教学理论和学习理论。在理论的指导下,才能设计出科学的教学目标、教学程序、教学内容、教学策略和教学传媒体系,从而保证教学设计能获取优化的教学效果。

第四,教学设计是一个问题解决的过程。教学设计是以促进学习者学习为目的的,所以,它是以学习者所面临的学习问题为出发点,进而捕捉问题,确定问题的性质,分析研究解决问题的办法,最终达到解决教学问题的目的。从以上分析可以看出教学设计不是以方法设问题,而是以问题设方法。这就增强了教学的针对性,提高了教学的有效性,缩短了教学时间,提高了教学效率,使教学活动形成优化运行的机制。

(资料来源:徐英俊著:《教学设计》,教育科学出版社 2001 年版,第 6~8 页。)

单元六 教人做人

课节1 【参考资料】

德育的含义

具体说明狭义与广义德育的含义。狭义的德育是指学校道德教育,是教育工作者组织适合德育对象品德成长的价值环境,促进他们在道德认知、情感和实践能力等方面不断建构和提升的教育活动。简言之,德育是促进个体道德自主建构的价值引导活动。[①] 广义的德育有

[①] 檀传宝著:《德育原理》,北京师范大学出版社 2006 年版,第 6 页。

多重范围，《教育大辞典》认为，"德育旨在形成受教育者一定思想品德的教育。在社会主义中国包括思想教育、政治教育和道德教育。在西方，一般指伦理道德教育以及有关的价值观教育。"[①] 王道俊、王汉澜教授解释为：教育学上的德育，是相对于智育和美育来划分的，它的范围很广，包括培养学生的思想品质、政治品质和道德品质。[②] 还有更为广义的德育界定，认为德育除思想、政治、道德方面的教育之外，还应当包括法制教育、心理教育、性教育、青春期教育，甚至还应包括环境教育、预防艾滋病教育等。为了让大家有一个比较清晰的认识，我们遵循"守一而望多"的原则，即从严格意义上来说，德育或德育的基本内涵只指道德教育，同时注意加强与思想、政治和心理健康教育的联系。

我国现行的德育目的

1996年4月10日，国家教育委员会印发《全国教育事业"九五"计划和2010年发展规划》，提出"教育的根本任务是提高全民族素质，培养德、智、体等全面发展的社会主义的建设者和接班人。"2000年教育部颁布了《基础教育课程改革纲要》，指出："新课程的培养目标要全面贯彻党的教育方针，全面推进素质教育，体现时代要求；要使学生具有爱国主义、集体主义精神，热爱社会主义，继承和发扬中华民族的优良传统和革命传统，具有社会主义民主法制意识，遵守国家法律和社会公德。逐步形成正确的世界观、人生观、价值观；具有社会责任感，努力为人民服务；具有初步的创新精神、实践能力、科学和人文素养以及环境意识；具有适应终身学习的基础知识、基本技能和方法；具有健壮的体魄和良好的心理素质，养成健康的审美情趣和生活方式，成为有理想、有道德、有文化、有纪律的一代新人。"这实际上规定了我国新世纪的德育目的。在其指导下，国家先后制定和颁布了《品德与生活》、《品德与社会》、《思想品德》的课程标准，可以说大致规划了不同阶段的学校德育目标。

《品德与生活》致力于"培养具有良好品德和行为习惯、乐于探究、热爱生活的儿童"；《品德与社会》"旨在促进学生良好品德形成和社会性发展，为学生认识社会、参与社会、适应社会，成为具有爱心、责任心、良好的行为习惯和个性品质的社会主义合格公民奠定基础"；《思想品德》"以加强初中学生思想品德教育为主要任务，帮助学生提高道德素质，形成健康的心理品质，树立法律意识，增强社会责任感和社会实践能力，引导学生在遵守基本行为准则的基础上。追求更高的思想道德目标，弘扬民族精神，树立中国特色社会主义共同理想，逐步形成正确的世界观、人生观和价值观，为使学生成为有理想、有道德、有文化、有纪律的好公民奠定基础。

对我国现行德育目的的理解[③]

与以往的德育目的相比，我国现行的德育目的有了一些进展。主要表现在：（1）较好地发挥了德育的育人价值，受教育者作为一个有道德的人应具有的基本品质受到关注和重视，而且对受教育者的品质要求也不再是高高在上的，出现了回归基础的倾向。（2）开始

---

① 顾明远主编：《教育大辞典》增订合编本，上海教育出版社1998年版，第249页。
② 王道俊、王汉澜主编：《教育学》，人民教育出版社1989年版，第330页。
③ 檀传宝著：《德育与班级管理》，北京师范大学出版社2007年版，第78~79页。

观照个体的生活，注意从受教育者生活需要的角度提出品德要求。（3）注意了目的自身的层次性问题，对不同教育阶段的受教育者的品德有明确的规定，而且都较好地符合受教育者的品德发展需要和接受能力。（4）对受教育者的品德发展有了较合理的观照，政治品质、道德品质、法律品质、心理品质等都受到重视。而且，从课程目标来看，品德发展不仅仅有知识和技能层面的要求，情感、态度、价值观和能力层面的要求也得到凸显。（5）在对受教育者的直接表述上，不再指明是培养"社会主义事业的建设者和接班人"，而是培养"公民"。虽然它出现在德育课程目标中，而没有直接出现在《基础教育课程改革纲要》中，但这种变化也多少反映了德育目的的政治取向比以前有了进一步的弱化。而且，《基础教育课程改革纲要》将受教育者定位为"一代新人"，虽然对它的要求与对"社会主义事业的建设者和接班人"的要求没有很大差异，但表述的变化也反映出目的制订者对受教育者的社会身份和角色的定位已略有改变。

　　现行的德育目的虽然有了较大的改进，体现了德育的基本特性和价值，但是，我们仍需要思考和解决如下问题，这有助于我们深化对德育目的的认识，更好地改进德育目的：（1）对受教育者的品质要求总体上没有发生很大的变化，基本上停留在"五爱"、"四有"上。虽然"五爱"是受教育者应具备的基本品德，"四有"也是对受教育者的总体素质要求，但总体而言，对受教育者的品德要求在及时考虑社会和时代发展的变化，以及当今青少年道德发展的困惑和需要上仍有一定欠缺。（2）对受教育者品质的规定冗长，形成一串很长的定语修饰。或者说，在受教育者的品质要求上德育目的在做加法，缺少对受教育者整体品德发展状态的把握，德育目的的核心意旨并不十分鲜明。（3）对生活的观照仍显不足，没有很好地凸显德育与个体生活的紧密关系，这导致它虽然观照到个体的需要，但对受教育者的品质规定仍然主要是从社会角度出发的，对他们作为"生活者"应具有的品质强调不多。也就是说，德育目的在引导受教育者通过品德成长而发展和创造生活方面还有所欠缺。而这在今天对德育凸显个体价值和生活价值，切实激发受教育者的道德需要以及深化回归生活的德育都具有重要的作用。

我国学校德育的主要内容

　　从课程标准中规定的课程性质和内容标准来看，目前我国的德育内容主要集中在以下几个方面：

（一）基本行为规范的教育

　　行为规范见诸日常生活的小处，但它却是衡量一个人的教养程度的最直接标准。我们不可能强求所有的人都具有高尚的道德，但是每个人都应该也必须具备基本的文明行为习惯。而且，品德的发展往往也是从基本的行为规范的养成开始的。基本行为规范的教育是学校德育的最基本内容。

　　我国学校中的行为规范教育涉及生活和学习两方面的行为规范。生活方面的行为规范涉及个人生活，如独立料理生活；家庭生活，如孝敬父母、尊敬长辈、关心家庭生活、邻里和睦相处；学校生活，如热爱集体、遵守纪律、尊敬老师、关爱同学；社会公共生活，如遵守社会公德、遵守公共秩序。

（二）基本道德品质的教育

　　人类生活的共同需求决定了有一些道德价值或品质是人类普遍需要和认可的。美国教育学者阿迪斯·瓦待曼说:"不管时代如何变化,我们总将有着和我们祖先同样的需要。那就是,愉快、勇敢地度过我们的一生,和周围的人友好相处,保持那些指导我们更好成长的品质。这些品质是欢乐、爱、诚实、勇敢、信心,等等。"

在我国,基本道德品质教育的内容包括诚实、孝敬父母、自尊自爱、自立自强、勤劳、勇敢、有责任心、仁爱等。实际上,基本的道德品质非常多,学校德育不可能穷尽,也不可能在有限的时间和精力下一一加以培养,只能在基本的道德品质中找出更基本的品质。需要注意的是,道德品质并不是散乱的,它们蕴含共同的主旨,这就是以服务于个人的美好生活和健康成长为最终指引。因此,进行基本道德品质教育时,教育者要努力引导受教育者发现道德品质之于生活和个体发展的积极作用,以切实观照个体并以之为动力促使其展开道德学习。这样,我们也不难发现"爱"和"责任"其实是绝大多数道德行动或道德品质产生的基础。一个人只有意识到爱自己和他人,对自己和他人负责任,才能自觉展开道德行动。因此,道德品质教育也要注意将"爱"和"责任"的意蕴贯穿其中,以此激发受教育者自主发展道德品质。

(三)爱国主义教育

对每个人来说,国家都是其生活的最大根基与最高归属。因此爱国是一个人"爱"之情感的崇高形式,体现了一个人对自己应具有的社会责任的深刻理解,也成为任何时代和社会对人的一个必然的道德要求。

在我国,爱国主义教育历来是一个非常重要的德育内容,贯穿学校德育的全系统。与之相关的热爱中国共产党、热爱人民解放军和热爱社会主义的教育也成为德育的重要内容。激发受教育者的爱国情感,树立民族自尊心、自信心和自豪感成为爱国主义教育的核心。但爱国不仅仅是一种情感,更是一种行动。作为一种行动,爱国既包括消极的爱,也包括积极的爱。消极的爱国行动体现为"不作为",即不做危害国家的事,如不违反国家的法律,不伤害他人,不破坏公共财产,不做有损国家尊严和形象的事等。积极的爱国行动体现为"有所为",即积极关心国家的发展,为国家积极贡献自己的能量,如积极履行公民的权利和义务,积极参与社会生活,敬业守职;积极担当重任,为国家发展建言献策,维护国家利益等。爱国主义教育要引导受教育者全面地理解爱国的含义。

此外,还需要注意的是,爱国主义不是狭隘的民族主义,爱国主义教育也不能变成狭隘的民族主义教育。因为狭隘的民族主义总是与民族国家间的利益对抗联系在一起,在此之下,"青年的纯真的爱国心被歪曲、被利用、被踩躏",于是"本来对自己生存社会的纯真的爱,却变成了对其他国家国民的深恶痛绝"。因此,爱国需要抱有开放的心态,应该与"爱人类"统一起来。这在今天全球化进程加快,世界越来越成为一个"地球村"的情形下更为重要。为此,爱国主义教育应该与和平教育、国际理解教育结合起来,以加强国家之间的沟通、对话、理解和合作为目标,以维护世界和平和人类共同利益为目标。其实,和平教育在我国一直是爱国主义教育的内容之一,新一轮德育课程改革在此基础上还增加了热爱地球的教育。

(四)集体主义教育

集体主义是人们处理个人、集体和社会相互关系的基本原则,培养受教育者具有集体主义精神历来是我国学校德育的重要使命。集体主义教育是社会主义道德教育的重要内容之一。

集体主义教育的核心是教育受教育者正确认识和处理个人与集体的关系，懂得正当的个人利益是受到集体的承认和保护的，当个人利益与集体利益发生矛盾时，以集体利益至上为原则。集体主义教育的内容主要集中在热爱集体，关心集体，维护集体荣誉，服从集体决定，遵守纪律，对自己承担的任务负责等。在此，需要注意的是集体不是一个抽象的概念，进行教育时应该根据受教育者的生活体验，引导他们发现集体的存在，发现集体生活中个人的权利与责任，引导他们感受集体生活中个人的被认同感和价值感，进而引导他们发现个人与集体的合理关系，并积极建构个人与集体的和谐关系。

集体成员之间的关系是影响一个集体的整体凝聚力和向心力的重要因素，正确处理成员之间的关系有利于维护集体利益、发展集体。所以，教育受教育者形成团队精神和合作意识与能力，学会尊重、关心和帮助集体成员，也是集体主义教育的重要内容。

此外，进行集体主义教育还需引导受教育者认识到，处理个人与集体的关系要注意以人民和国家的利益为最终准则。个人利益服从集体利益是集体主义的重要内涵和原则，但在秉承这一原则时我们要有一定的批判意识，因为集体也有可能出于利益需要而作出危害他人和国家的行为。此时，个人应该以人民和国家的利益为最终目标，以为人的基本道德原则为依据处理个人与集体的关系，勇敢地制止集体的不当行为。

（五）民主与法制教育

人的爱国行为在政治生活中主要体现为积极参与国家的民主与法制建设，自觉维护国家的民主与法制。因此，开展民主与法制教育，发展受教育者的民主与法制品质也是学校德育的主要内容之一。

目前，我国的民主与法制教育主要集中在民主与法制的性质和作用教育，现代民主意识和法制意识教育，社会主义民主观念和法制观念教育，权利与义务、民主与集中、自由与纪律的关系教育，正确运用法律的教育等。新一轮德育课程改革还增加了"我国法律对预防未成年人犯罪的规定"、"获得法律帮助的方式和途径"等内容，以使青少年学生养成自我防范和保护意识。与民主与法制教育相关的还有纪律教育。纪律教育主要从引导受教育者遵守各种规章制度和秩序的角度认识遵守纪律的重要性，养成自觉遵守纪律的习惯。

法律和道德都是调整人与人、人与社会关系的行为规范体系，在实际生活中也有重合的地方。但是，法律和道德并不等同，它们依靠的力量和作用的范围都不同。法律是道德的最后防线。因此，在进行法制教育时，我们要注意引导受教育者在学法用法的基础上认识道德的主要作用，引导他们积极发展道德，发展美好的精神世界，而不以不触犯法律作为基本的为人准则。

课节3【附件】

脚本：偷果子结下缘份

园艺家米丘林在科学实验中培育了许多鲜美诱人的水果，果园附近调皮馋嘴的小孩子们常常钻进果园偷吃。一天，他们又来偷吃，早已有所防备的米丘林出其不意地站到顽童们的面前，并且抓住了他们的"小首领"。这个孩子吓坏了，他乖乖地站在那里，准备接受一顿训斥。

可是米丘林并没训斥他，而是把他带到自己的屋子里，让他吃水果。然后和蔼可亲地对他说："你知道吗？这些果树不是一般的果树，它们是用来做实验的，摘掉了一个果子也许就会把一项重要的实验给毁掉了。实验是很有意义的事，如果成功了，可以培育出许多新的、好吃的果子，还可以让一棵树多结出好几倍的果子。这些等你长大了就会明白了。将来没准儿你也会爱上这种工作呢！"那个孩子认真地听着，点着头。后来，再也没有顽童到米丘林的果园偷果子了。

15年过去了。一天，一个年轻英俊的农学院果树专业毕业生来拜访米丘林，并要求到他的实验园里做实习生。这个青年叫雅可乌列夫，他就是15年前偷果子的"小首领"。经过那次米丘林的教育，他果真爱上了培育果树的工作。后来在实验园里通过米丘林的精心指导，他成为生物学博士，成为米丘林事业的卓越继承人。

（资料来源：张蕾编著：《中外科学家发明家丛书：米丘林》。）

单元七　教育研究

课节1【附件】

情景对话脚本

某小学校长办公室：

校长坐在办公室，李老师敲门进来。

李老师：校长，您找我？

校长：李老师，你坐。

李老师：校长您找我有事吧？

校长：是啊，李老师。你看你们班以往考试的时候，班平成绩在同年级4个班中至少是第二，怎么这次考到第三了？

李老师：哦，校长，这次没考好，我也难过，我这几天也在找原因。

校长：找到什么原因了？

李老师：这学期开始，我们的学生开始上阅读理解课了，再加上我发现班上学生的口语交际能力有点差，所以我这学期在班上搞"小组合作学习"的研究，前半期为了培养学生合作学习的习惯，耽误了些时间……

校长：合作学习？难怪我有几次从你教室旁边走过，看到教室里学生一群一群的聚在一起讲话，教室里乱哄哄的，哪里像个课堂嘛。你看你这次不就考砸了吗？

李老师：可是，校长……

校长：李老师啊李老师，我们做教师的就应该守好教师的本份。教师的本份是什么呢？就是教书，你又不是专家你去做什么研究啊？

李老师：可是校长，我……

课节2【参考资料】

某校"课堂生活重建"研究方案摘录

（一）自变量
- 构建"课堂生活重建"课堂教学目标体系；
- 整合课程设置；
- 改革教学组织形式和教学方法，建立符合"课堂生活重建"的教学基本框架；
- 创设适应学生个性发展的才智开发的丰富灵活的教学环境；
- 改革评价机制。

（二）因变量

随着自变量的不断优化，使被试对象的"课堂生活"逐步达到理性的、审美的、道德的三种生活的和谐统一，为小学生成为学习生活的个体、个体生活的主题和社会生活的主体奠定优良的素质基础。

（三）无关变量的控制

绝对无关变量控制。严格遵守国家规定的作息时间，不加班加点，不加重学生的课业负担。相对无关变量用"平衡法"解决。

"课堂生活重建"课堂教学评价表（一）

一级指标	二级指标	评价等级				得分
		A	B	C	D	
理性生活	1. 教学目标（认知）明确、具体，面向全体学生					
	2. 根据目标进行大预习，大交流，激起学生的经验和知识，密切教学与生活的联系					
	3. 围绕教学目标和学生的认知基础、思维水平，安排教学过程					
	4. 教师、学生、课程、环境双双互相作用，在活动中建构					
	5. 恰当运用自学、质疑、讨论、发现、探究、反思等学习方式					
	6. 注重不同层次学生的发展，教学目标、教师提问、习题设计等体现层次性					
	7. 强调师生交往，重建人道的、和谐的、民主的、平等的师生关系					
	8. 加强现代教育技术手段的运用					
	9. 教学目标达成率高，教学过程优化，有新意，学生的知识技能得到提高，智力技能得到发展					

（资料来源：刘学芝、朱西岳等著：《基于生命——课堂生活重建探索》，山东教育出版社2007年版，第234～236页。）